Bioethik

Campus Einführungen

Herausgegeben von
Thorsten Bonacker (Marburg)
Hans-Martin Lohmann (Frankfurt a. M.)

Thomas Schramme, Dr. phil., ist seit 1998 wissenschaftlicher Assistent am Philosophischen Seminar der Universität Mannheim.

Thomas Schramme

Bioethik

Campus Verlag
Frankfurt/New York

Die Deutsche Bibliothek – CIP-Einheitsaufnahme

Ein Titeldatensatz für diese Publikation ist bei
Der Deutschen Bibliothek erhältlich.
ISBN 3-593-37138-3

© 2002 Campus Verlag GmbH, Frankfurt/Main
Umschlaggestaltung: Guido Klütsch, Köln
Satz: TypoForum GmbH, Seelbach
Druck und Bindung: Druckhaus Beltz, Hemsbach
Gedruckt auf säurefreiem und chlorfrei gebleichtem Papier.
Printed in Germany

Besuchen Sie uns im Internet: www.campus.de

Inhalt

Einleitung

Die Bioethik beschäftigt sich mit komplizierten Sachverhalten und die ethischen Bewertungen einzelner Techniken und Praktiken der Biowissenschaften sind kontrovers. Darüber hinaus ist aber die Bioethik selbst Gegenstand von Konflikten, die zum Teil äußerst emotional und hitzig ausgetragen werden. Einigen gilt sie als gefährliche Institution, die über verwerfliche Entwicklungen in der Biomedizin einen moralischen Deckmantel ausbreitet. Ihr Status bleibt daher notgedrungen prekär.

Dem Streit um die Bioethik liegen Konflikte zugrunde, die um die angemessene Beurteilung moralisch brisanter Angelegenheiten kreisen. Darf man Embryonen für die Erforschung von Stammzellen »verbrauchen«? Darf man schwerstgeschädigte Neugeborene töten, um ihr Leiden zu verkürzen? Soll Abtreibung erlaubt sein? Werden durch die vorgeburtliche Diagnostik Menschen mit Behinderungen diskriminiert? Hier gehen die Meinungen auseinander und stehen sich zum Teil unversöhnlich gegenüber. Allerdings ist das nicht weiter ungewöhnlich, denn auf solche Fragen können keine *wahren* Antworten gegeben werden. Die Moral betrifft nicht Tatsachen, sondern Normen und Werte. Die Ethik bietet kein festes Fundament, auf das man seine Meinung errichten und so gegenüber anderen privilegieren könnte.

Der Reiz der Bioethik liegt gerade in ihrer emotionalen Komponente: Bioethische Fragen gehen uns nahe. Zusammen mit der fehlenden Möglichkeit zur objektiven Beantwortung liegt darin allerdings eine Gefahr. Werden nämlich grundlegende Wertüberzeugungen mit anders lautenden Meinungen konfrontiert, so kann der Konflikt schnell zum Streit ausarten. Ich nehme an, dass einige Leser auch in diesem Buch Argumentationen finden werden, die ihnen fremd, möglicherweise sogar abstoßend erscheinen. Teilweise stehe ich hinter den hier vorgestellten Auffassungen, teilweise nicht. An vielen Stellen diskutiere ich die Argumente kritisch und beziehe somit Stellung in umstrittenen Fragen. Für den Autor einer Einführung in die Bioethik muss die erste Tugend wohl Fairness sein. Fairness gegenüber den unterschiedlichen Argumentationen verpflichtet aber nicht zum Verzicht auf eine eigene Meinung. Das gilt natürlich ebenso für die Leser. Zum Einspruch – wo er herausgefordert wird – sei also ausdrücklich eingeladen.

Begriffsbestimmung und geschichtlicher Abriss

Eine einheitliche Verwendung des **Terminus** »**Bioethik**« gibt es nicht. Die Vorsilbe bezieht sich nach einer verbreiteten Sichtweise auf die Biomedizin und die Biotechnologie; Ethik meint die theoretische beziehungsweise philosophische Beschäftigung mit Fragen der Moral. Natürlich heißt das nicht, dass nur Philosophen Bioethik betreiben können, bloß weil die Ethik traditionell eine Domäne der Philosophie ist. In den Aufgabenbereich der Ethik fällt insbesondere die Begründung von Richtlinien menschlichen Handelns. »Bioethik« bezeichnet demnach die Reflexion über moralische Probleme und die Suche nach begründeten Urteilen und Handlungsrichtlinien in der Biomedizin und der Biotechnologie.

Der Begriff ist nicht deckungsgleich mit dem der Medizinethik, denn dieser wiederum wird bisweilen auf normative Fragen im Arzt-Patienten-Verhältnis beschränkt. Die Bioethik umfasst zudem Gebiete, die nicht direkt zur Medizin – verstanden als eine auf die Heilung von Krankheit ausgerichtete Disziplin – gehören. Beispielsweise werden normative Fragen zur Anwendung der Gentechnologie diskutiert, die möglicherweise zu einer grundlegenden Veränderung unserer »menschlichen Natur« führen. Im Grunde bildet die Medizinethik einen wesentlichen Bestandteil der Bioethik.

Einige Theoretiker beziehen die Vorsilbe »Bio« generell auf das Leben und alles Lebendige (griechisch: *bios*). Dieser ausgreifenden Interpretation zufolge gehören auch die Tierethik und die ökologische Ethik dazu. In diesem Sinne wurde der Begriff im Jahre 1971 erstmals von Van Rensselaer Potter verwendet: Die Bioethik sollte die Verpflichtungen des Menschen gegenüber der Biosphäre bestimmen. Doch obwohl in bestimmten Fragen wie etwa der nach dem Wert des Natürlichen oder dem des moralischen Status von Tieren Überschneidungen zwischen den unterschiedlichen genannten Gebieten herrschen, erscheint das weite Verständnis doch als unangemessen und der historischen Entwicklung der Bioethik zuwiderlaufend. Schon bald nach Potters erstmaliger Verwendung des Ausdrucks wurde die bioethische Diskussion meist im eingeschränkteren Sinne auf moralische Fragen in der Medizin und der Biotechnologie bezogen. Die vorliegende Einführung orientiert sich daher ebenfalls am engeren Verständnis.

Ethische Fragen in der Medizin sind so alt wie die Medizin selbst. Der Hippokratische Eid liefert noch heute ein Zeugnis davon. Allerdings darf die Bioethik nicht mit einer Standesethik identifiziert werden. Mediziner drücken mit dem Eid ein bestimmtes *Ethos* aus; aber damit formulieren sie ein professionelles Selbstverständnis und nicht allgemein verbindliche Handlungsregeln. Bioethische Probleme betreffen nicht nur Ärzte und das Pflegepersonal, sondern letztlich alle Menschen.

Spätestens mit der Überschreitung des genuinen Handlungsbereichs der Medizin wird ein größerer Bewertungsrahmen notwendig, als ihn ein standesbezogenes Ethos vorgeben kann.

Die **Geschichte der modernen Bioethik** wurde durch verschiedene Faktoren bestimmt. Die Verbrechen deutscher Ärzte während der Zeit des Nationalsozialismus und die nach dem Krieg folgenden Nürnberger Ärzteprozesse ließen die Notwendigkeit von Verhaltensregeln in der Medizin deutlich ins Bewusstsein rücken. Den Nimbus der »Götter in Weiß« verloren die Ärzte spätestens zu diesem Zeitpunkt. In den 60er Jahren verstärkten sich zunächst in den USA, später auch in anderen Staaten Bürgerrechtsbewegungen, die nicht ohne Einfluss auf das Arzt-Patient-Verhältnis blieben. Die individuelle Selbstbestimmung gewann gegenüber dem paternalistischen Prinzip, wonach der »väterliche« Arzt für den »kindlichen« Patienten entscheidet, die Oberhand.

In der Justiz stritt man nun ebenfalls; die ersten Gerichtsverhandlungen zur Sterbehilfe wurden beispielsweise in den 70er Jahren geführt. Auch die gesetzliche Regelung des Schwangerschaftsabbruchs unterlag in diesen Jahren Neuerungen und war dabei von heftigen Debatten begleitet. Nicht zuletzt waren zudem technische Entwicklungen der Biomedizin mit verantwortlich für die Stärkung der Bioethik. Neue Reproduktionstechnologien wie die künstliche Befruchtung, die ersten Organtransplantationen, die Erfindung von Beatmungsmaschinen und die damit geschaffene Möglichkeit zur Lebensverlängerung, in jüngerer Zeit natürlich die Entschlüsselung des menschlichen Genoms – all diese Erweiterungen der medizinischen Möglichkeiten und der biologischen Erkenntnisse sind mit neuen ethischen Fragen einhergegangen, deren Beantwortung vermehrt einer inzwischen professionalisierten Gruppe, den Bioethikern, übertragen wird. Diese sollen als Experten für moralische Fragen in der Biomedizin und der Biotechnologie fungieren und die nötigen Lösungen bereitstellen.

Bioethiker als Moralexperten

Die Bioethik beschäftigt sich zumeist mit moralischen Konflikten und steckt doch selber anscheinend in einem Dilemma. Denn auf der einen Seite wird nach ihrer Hilfe verlangt, auf der anderen Seite werden ihre Vorschläge häufig ignoriert, zurückgewiesen, ja angefeindet. In allen Gesellschaften existieren heutzutage Konflikte über grundlegende Wertfragen, die nicht ohne weiteres zu lösen sind. Oft verschärfen sich die Streitfragen in Bezug auf die Biomedizin noch, denn dort sind bisweilen Fragen des Lebens und des Todes angesprochen. In diesen Dingen eine Lösung zu finden, die allen gerecht wird, scheint ein unmögliches Unterfangen.

Das Dilemma der Bioethik zeigt sich deutlich anhand einer Frage, die bei vielen Diskussionen im Hintergrund mitschwingt: der Frage nämlich, ob es **Moralexperten** geben kann, also **Fachleute** für ethische Fragen. Kaum jemand bezweifelt, dass man zur Behandlung naturwissenschaftlicher Probleme wie der Erklärung schwarzer Löcher oder auch unakademischer Aufgaben wie der Zubereitung eines Abendessens bestimmte Fähigkeiten benötigt. Wer sich in den betroffenen Gebieten besonders gut auskennt oder die erforderlichen Fähigkeiten in überdurchschnittlichem Maße aufweist, gilt als Experte. Auch Bioethiker müssen über die biowissenschaftlichen Techniken und Sachfragen selbstverständlich Bescheid wissen. Aber worin soll das Expertentum bestehen, wenn es um die *ethische* Beurteilung geht?

Zum ethischen Urteilen scheint man ja keineswegs einer besonderen Fähigkeit zu bedürfen. Letztlich besitzen wir sie alle, denn jeder Mensch ist fähig, einen moralischen Standpunkt einzunehmen. Jeder kann ethische Überzeugungen herausbilden. Doch andererseits reicht es im Streitfall nicht aus, einfach jede vorgebrachte Meinung in einen Topf zu werfen und zu hoffen, am Ende werde schon eine Übereinkunft stehen.

Nicht jede Behauptung muss in gleichem Maße akzeptabel sein. In einer Diskussion über ethische Fragen geht es darum, Gründe vorzubringen, die eine Überzeugung abstützen. Sie sind gewissermaßen die Indizien, die uns zur Verfügung stehen, um einen Vorschlag für besser zu halten als einen anderen. Genau dafür braucht man aber eine gewisse Vorkenntnis darüber, was als guter Grund für eine Meinung überhaupt zählen kann. Darin besteht das ethische Expertentum.

Auch wenn keine endgültigen Lösungen moralischer Streitfragen zu erwarten sind, kann die Analyse und ethische Diskussion der Probleme doch erheblich zu deren Klärung und Entschärfung beitragen. Wie in der Kunst auch, gibt es in der Ethik zwar keine objektiv beweisbaren Aussagen über das, was gut oder richtig ist. Gleichwohl existiert sowohl in der Kunst als auch in der Ethik ein bestimmtes »Rüstzeug«, das uns die angemessene Beurteilung von Kunstwerken beziehungsweise Handlungen ermöglicht. Dieses Rüstzeug gilt es sich anzueignen, bevor man ein Urteil abgibt.

Eine inzwischen verbreitete Form von Expertengremien sind **Ethikkommissionen**. Sie kommen auf verschiedenen Ebenen zum Einsatz. So existieren in einigen großen Krankenhäusern in Deutschland mittlerweile klinische Ethikkomitees, die den behandelnden Ärzten bei schwierigen moralischen Entscheidungen im Klinikalltag zur Seite stehen. Das Gremium soll nicht über einen bestimmten Fall entscheiden, sondern das Bewusstsein für ethische Fragen schärfen und Empfehlungen geben.

Ein bioethisches Gremium ganz anderen Zuschnitts wurde 2001 am Hygienemuseum in Dresden erstmalig in Deutschland eingesetzt, und zwar nach dem Vorbild der Konsensus-Konferenzen, die beispielsweise in Dänemark schon häufig durchgeführt worden sind. Zur Bewertung aktueller Probleme der genetischen Diagnostik berief man eine so genannte Bürgerkonferenz ein, deren Mitglieder ausdrücklich Laien waren. Sie wurden von Fachleuten über die faktischen Hintergründe und auch über die im Umlauf befindlichen ethischen Argumentationen informiert. Auf dieser Basis formulierten sie dann ihr Votum.

Im Bereich der Politikberatung und der gesetzgeberischen Expertise existieren inzwischen ebenfalls einige Ethikkommissionen. In Deutschland legte die durch den Bundestag beauftragte *Enquete-Kommission Recht und Ethik der modernen Medizin* im Mai 2002 ihren Abschlussbericht vor. Der von Bundeskanzler Schröder berufene *Nationale Ethikrat* hat ebenfalls bereits seine ersten Empfehlungen gegeben. Damit sind nur Beispiele genannt, verschiedene Institutionen wie die Bundesärztekammer beschäftigen darüber hinaus ihre eigenen Ethikgremien. Auch in nahezu allen anderen europäischen Ländern existieren inzwischen staatlich eingesetzte Ethikkommissionen. In den USA, wo bereits seit Jahrzehnten regelmäßig solche Gremien tätig werden, hat George W. Bush Jr. im Zuge der Diskussion um die Stammzellforschung im November 2001 einen *President's Council on Bioethics* eingesetzt.

Die unterschiedlichen Aufgabenbereiche – Krankenhaus, Politik oder Gesetzgebung – erfordern unterschiedliche Fähigkeiten der Kommissionsmitglieder. Entsprechend heterogen werden die Kommissionen besetzt. Neben Medizinern kommen je nachdem Juristen, Forscher, Theologen, Philosophen, Berufspolitiker, aber auch Laien zum Einsatz. So kann die gesellschaftliche Debatte gewissermaßen eingedampft werden auf eine handhabbare Größe. Dennoch gelangen die »Stellvertreter« des Volkes mitunter zu äußerst unterschiedlichen Bewertungen. Da also Übereinstimmungen innerhalb der Kommission bereits schwer zu erreichen sind, können echte gesellschaftliche Konsense noch weniger erwartet werden.

Eine weitere Schwierigkeit besteht in der zunehmenden Internationalisierung der Forschung, aber auch der biomedizinischen Anwendungen. Das therapeutische Klonen beispielsweise, bei dem aus embryonalen Stammzellen Ersatzgewebe gewonnen werden soll, ist in Deutschland wie in den meisten anderen europäischen Ländern verboten, in Großbritannien inzwischen aber unter bestimmten Bedingungen erlaubt. Weitere Länder werden folgen. An diesem Beispiel zeigt sich zudem erneut die Emotionalisierung der bioethischen Debatte. So bezeichnete ein Bundestagsabgeordneter das therapeutische Klonen als »Kannibalismus«. Dies ist gewiss ein wenig hilfreicher Vergleich, der gleichzeitig die britische Regelung in den Bereich des Monströsen zu drängen versucht.

Die Präimplantationsdiagnostik ist ebenfalls hierzulande verboten, in nahezu allen anderen europäischen Ländern hingegen erlaubt. Viele Patienten, die auf diese Technik zurückgreifen wollen, gehen deshalb ins Ausland, eine Art »Medizintourismus« entsteht. Wie schwer die ethische Konsensfindung erst auf internationaler Ebene wird, zeigt deutlich das 1997 vom Europarat verabschiedete »Übereinkommen über Menschenrechte und Biomedizin« – auch kurz »Bioethik-Konvention« genannt. Obwohl es sich hierbei um die Formulierung rechtlicher Mindeststandards handelt, die auf nationaler Ebene jeweils verschärft werden können, hat die Bundesrepublik Deutschland bis heute das Abkommen nicht ratifiziert. Schon die Minimalregeln wurden als nicht konsensfähig angesehen.

Allerdings ist sowieso fraglich, ob ein Konsens bereits ausreicht, ethische Fragen zu beantworten. Er löst häufig das Problem nicht, sondern beendet lediglich die Diskussion. Nur weil alle Kommissionsmitglieder übereinstimmen, muss die Entscheidung nicht allgemein akzeptabel sein. Sicherlich sollte in gesetzgeberischen Verfahren aus pragmatischen Gründen irgendwann eine Lösung herbeigeführt werden. Aber damit muss nicht gleichzeitig die öffentliche Diskussion erledigt sein. Trotz ihrer unbestreitbaren Bedeutsamkeit sollten Ethikkommissionen nicht missverstanden werden als Expertengremien, an die moralische Fragen – die ein Gemeinwesen insgesamt betreffen – einfach weitergegeben werden können, so wie man etwa ein kaputtes Auto zu einem Mechaniker bringt.

Die Rolle von Moraltheorien in der Bioethik

Einige Bioethiker sind nicht ganz unschuldig an einer verbreiteten – aber falschen – Auffassung bezüglich ihrer Kompetenz. Indem sie so taten, als wären die ihnen gestellten Probleme tatsächlich nach einem **Technikermodell** zu lösen, schufen sie Hoffnungen, die sie nicht einlösen konnten. Sie stellten den Fall so dar, als bräuchten sie als Fachleute für ethische Fragen nur ihre Theorien auf den zu lösenden Fall anzuwenden, schon folge die richtige Lösung. Aber ethische Theorien geben keine unumstößlichen Axiome vor, aus denen Antworten einfach abgeleitet werden können.

Zu dieser verfehlten Auffassung beigetragen hat wahrscheinlich die verbreitete, aber missverständliche Beschreibung von Bioethik als Bereich der **angewandten Ethik**. Das klingt, als würde man eine bestimmte Moraltheorie – eine Ethik – anwenden. Eine angemessene Interpretation lautet hingegen, dass die Ethik als Disziplin, die über die Moral reflektiert, sich Themen zuwendet, die aus der Praxis stammen. Die ethische Reflexion ist demnach anwendungsorientiert.

Einige Bioethiker wollen von abstrakten Überlegungen zu Kriterien des Richtigen und des Falschen absehen und sich stattdessen auf die Bewertung konkreter Fälle konzentrieren. Die **Kasuistik**, bei der nach Handlungsorientierungen für Einzelfälle und spezifische Situationen gesucht wird, bietet eine Alternative zum Theorienstreit. Aber auch sie überzeugt nicht ohne weiteres. Schließlich brauchen wir ein Mindestmaß an Handlungskonsistenz und Erwartbarkeit. Wenn man die Meinung vertritt, eine Ärztin solle einem Patienten gegenüber in einer bestimmten Weise handeln, dann muss das für eine andere Patientin in vergleichbarer Situation ebenso gelten. Nicht jeder Fall kann also als völlig einzigartig betrachtet werden. Und was Fragen wie die Bewertung der Präimplantationsdiagnostik oder der Stammzellforschung angeht, stößt die Kasuistik sowieso an ihre Grenzen. Ohne die Formulierung von Regeln – und damit die Überschreitung des Einzelfalls – kommt man hierbei nicht aus.

Eine Art Mittelweg zwischen allzu abstrakten und allzu konkreten Lösungsvorschlägen bietet die Formulierung von **Prinzipien mittlerer Reichweite**. Sie bieten Leitlinien, die bei der Bewertung bioethischer Probleme Orientierung verschaffen, nicht unbedingte Geltungsansprüche. In der bioethischen Diskussion wurden vier solcher Prinzipien vorgeschlagen, die sich inzwischen nahezu als Standard durchgesetzt haben. Sie lauten: Achtung der **Autonomie, Schadensvermeidung, Fürsorge** und **Gerechtigkeit**.

Dass diese Prinzipien einschlägig sind, wird wohl kaum jemand bestreiten. Sie geben generell Orientierung für menschliches Handeln und tauchen – in der einen oder anderen Form – in nahezu allen bekannten Moraltheorien auf. Nur werden sie durchaus unterschiedlich gewichtet. Ob etwa die Achtung der Autonomie als wichtigstes Prinzip angesehen wird oder stattdessen die Fürsorge, darüber existieren verschiedene Auffassungen. Zudem liegen die einzelnen Prinzipien häufig in Konflikt miteinander, wenn man sie zur Bewertung von konkreten biomedizinischen Techniken, beispielsweise Schwangerschaftsabbrüchen, zum Einsatz bringen will. Wie zwischen ihnen abgewogen werden soll, erfordert also weitere Überlegungen.

Ebenen der ethischen Argumentation

Ethische Argumente können auf verschiedenen Ebenen angebracht werden. Eine Technik, eine Handlungspraxis oder auch eine Einzelhandlung dient bestimmten Zwecken. Bei der Verfolgung des Handlungsziels werden bestimmte Mittel eingesetzt und unterschiedliche – durch den Zweck beabsichtigte und häufig auch unbeabsichtigte – Folgen verursacht. Die drei genannten Elemente menschlichen Handelns, nämlich Zweck, Mittel und Folgen, gilt es auseinander zu halten, wenn die Frage der moralischen Bewertung diskutiert wird.

Sollte der **Zweck** des Handelns verwerflich sein, so ist es offenbar in keinem Fall zu rechtfertigen. Insofern ist die Frage nach den Zielen des Handelns für die Bewertung einer medizinischen Praktik zunächst entscheidend. Damit ist aber noch keine Gewissheit erzielt, welche Zwecke tatsächlich akzeptabel sind, selbstverständlich gibt es diesbezüglich Streitfälle. Darf beispielsweise das Ziel der Reproduktionsmedizin darin bestehen, auch homosexuellen Paaren, alleinstehenden Frauen oder Frauen in der Menopause zu Kindern zu verhelfen?

Ein wichtiges Problem in diesem Zusammenhang entsteht durch die Tatsache, dass praktisch jede Technik als Mittel für verschiedene Zwecke nutzbar gemacht werden kann, von denen einige gut und einige schlecht sein können. Die Kritik an einer Handlungsweise sollte sich aber nicht darauf beschränken, dass sie für dubiose Ziele eingesetzt werden *könnte*.

Selbst wenn das Handlungsziel als moralisch gut gilt, ist eine Handlungsweise damit nicht automatisch gerechtfertigt. Der Zweck allein heiligt nicht in jedem Fall die **Mittel**. Wenn etwa die »Ethik des Heilens« bemüht wird, dann weist man mit dem Heilen erst einmal ein der Medizin angemessenes Ziel aus. Ob bei der Verfolgung dieses Ziels beispielsweise embryonale Stammzellen eingesetzt werden dürfen, ist damit noch nicht geklärt. Allerdings könnten in manchen Fällen Ausnahmen gestattet werden, also an sich moralisch zweifelhafte Mittel gerechtfertigt sein. In der Moralphilosophie wird dies häufig am Beispiel des Lügens diskutiert. In bestimmten Situationen könnte es in Ordnung sein zu lügen, etwa wenn man damit ein Menschenleben retten kann. Aber ist das wirklich richtig? Ist es nicht absolut verboten, etwas zu tun, das moralisch schlecht ist, auch wenn damit ein gutes Ziel erreicht wird? Hier scheiden sich die Geister. Einige meinen, es gebe keine absolut geltenden Gebote oder Verbote. Wichtig sei, wie das voraussichtliche **Ergebnis** einer Handlung zu bewerten sei. Ob eine Handlungsweise als gut oder schlecht gilt, ist dieser Sichtweise zufolge abhängig von deren erwartbaren Konsequenzen. Andere denken, es komme darauf an, wie eine Handlung isoliert zu bewerten sei – unabhängig von ihrer Tauglichkeit für einen bestimmten Zweck. Wenn sie an sich schlecht sei, dann dürfe sie unter keinen Umständen durchgeführt werden.

In der Moralphilosophie wird die letztere Sichtweise **deontologischen** Moraltheorien (griechisch *deon*: Pflicht) zugeschrieben, die andere **konsequentialistischen** Ethiken (weil Einzelhandlungen oder Handlungsregeln anhand der erwartbaren Konsequenzen bewertet werden). Der Utilitarismus, der die Maximierung des Nutzens für die betroffenen Lebewesen fordert, ist die bekannteste konsequentialistische Moraltheorie. Sowohl die deontologische als auch die konsequentialistische Ethik haben eine lange philosophische Tradition, wobei im kontinentaleuropäischen Raum die Deontologie stärker vertreten ist. Diese Tatsache hängt mit dem Einfluss der Moraltheorie Kants zusammen, welche die wohl bedeutendste deontologische Ethik darstellt. In Deutschland geht diese Vorherrschaft – sei sie nun philosophisch berechtigt oder nicht – in einigen Debatten einher mit einem Affekt gegen jedes konsequentialistische Denken in ethischen Fragen. »Utilitarismus« wird hierzulande von einigen als Schimpfwort gebraucht.

Viele Streits in der bioethischen Debatte lassen sich erklären, indem man sie auf diese grundlegend verschiedenen Ansätze in der Moraltheorie zurückführt. So wird von einigen Ethikern beispielsweise die Verwendung von Embryonen, die aus künstlichen Befruchtungen übrig geblieben sind, zur Gewinnung von Stammzellen als legitim angesehen, weil damit kranken Menschen geholfen werden kann. Das Verbrauchen einiger weniger »verwaister« Embryonen wird demnach verstanden als notwendiges Mittel bei der Verfolgung eines hehren Ziels, nämlich der Heilung von Kranken. Und somit gilt es für viele Konsequentialisten als moralisch erlaubt. Sicherlich funktioniert die Art der Argumentation nicht in jedem denkbaren Fall, ein Konsequentialist muss also nicht der Meinung sein, man könnte Embryonen wahllos für jeden Zweck benutzen. Aber Deontologen würden rein konsequentialistische Überlegungen in gar keinem Fall akzeptieren und können daher zu ganz anderen Urteilen bezüglich des Embryonenverbrauchs gelangen.

Selbst wenn ein eingesetztes Mittel beziehungsweise eine bestimmte Handlung zunächst als moralisch unbedenklich gelten, können sich immer noch Einwände gegen eine Praktik ergeben. Wenn man etwa die Forschung an embryonalen Stammzellen als solche für moralisch erlaubt hielte, wäre es immer noch möglich entgegenzuhalten, damit werde der allgemeine Respekt vor dem menschlichen Leben unterminiert. Diese Art der Kritik, die sich auf die *langfristigen* negativen Folgen eines bestimmten Handelns beruft, wird meist – sprachlich etwas holprig – als **Argument der schiefen Ebene** (*slippery slope*) bezeichnet. Andere Ausdrücke, die in diesem Zusammenhang genutzt werden, sind »Dammbruch« oder »Überschreiten des Rubikons«. Mit der Nutzung eines bestimmten – an sich akzeptablen – biomedizinischen Mittels oder einer Technik wird, so das Argument, ein Weg eingeschlagen, der letztlich in einer inakzeptablen Lage endet.

Ob das Argument der schiefen Ebene überzeugt, hängt davon ab, ob die genannten langfristigen Folgen wirklich unvermeidlich sind. Zudem müsste gezeigt werden, dass sie der inkriminierten Anwendung und nicht anderen Vorgängen geschuldet sind. Um die Technik insgesamt abzulehnen, müssten schließlich die Konsequenzen tatsächlich so negativ sein, dass sie deren Vorteile aufwiegen.

1 Ziele und Grenzen der Biomedizin: Wohl und Autonomie des Patienten

Immanuel Kant zufolge lautet der Wahlspruch der Aufklärung: »Habe Mut, dich deines eigenen Verstandes zu bedienen!« Heutzutage ist die individuelle Selbstbestimmung ein unumstößlicher Wert der Moral. Die Achtung der Autonomie gilt als fundamentales Gebot. Bei näherem Hinsehen ergeben sich zwei Gesichtspunkte: Zum einen müssen Menschen individuell für sich festlegen, wie sie leben wollen, zum anderen bestimmen sie gemeinsam über die allgemein verbindlichen moralischen Grenzen ihres Handelns. Was wir tun dürfen und lassen müssen, bestimmen wir selbst. Auch für das Verhältnis zwischen Arzt und Patient ergeben sich daraus Folgerungen, die im Konzept des informierten Einverständnisses zusammengefasst sind. Unter bestimmten Bedingungen sind allerdings auch paternalistische Handlungsweisen gerechtfertigt.

Am 31. Mai 2001 wurde im Deutschen Bundestag eine Debatte über die möglichen ethischen Folgen der modernen Biotechnologie geführt. Bemerkenswert war die herrschende Meinungsvielfalt, der selbst politische Bindungen keinen Einhalt gebieten konnten. Darin waren die Abgeordneten wahre Repräsentanten des Volkes. Auch in der Öffentlichkeit gehen die ethischen Überzeugungen weit auseinander. Das verwundert nicht weiter, denn es herrscht ein vernünftiger Pluralismus moralischer Standpunkte. »Keiner von uns«, so die ehemalige Bundesgesundheitsministerin Andrea Fischer in ihrer Rede, »sollte sich mit seiner eigenen Moral hochmütig über die anderer stellen.« Die einzige Möglichkeit, den Streit zwischen gleichermaßen berechtigten moralischen Überzeugungen so beizulegen, dass alle diese Sichtweisen tatsächlich anerkannt werden, besteht in der Einigung auf Regeln, denen alle zustimmen können. Dazu ist es notwendig, von Maximalansprüchen abzusehen und moralische Bescheidenheit an den Tag zu legen.

Der gesellschaftliche Wertepluralismus macht Regelungen nötig, die in Form eines ethischen Föderalismus organisiert sind. Ein Konsens zwischen den verschiedenen Standpunkten, der den überregionalen ethischen Standpunkt darstellt, muss zwischen den berechtigten partikularen Wertüberzeugungen vermitteln und daher – ähnlich den gesetzlichen Regelungen – neutral sein. »Die Gesetze sind allgemein verbindlich; unsere Wertordnungen sind es nicht. Es ist ein großer Unterschied zwischen dem, was ich in meinem eigenen Leben für richtig halte, und dem, was ich in Allgemeinverbindlichkeit für alle mit der Kraft des Gesetzes gebieten und verbieten kann.« So die Vorsitzende der Enquete-Kommission »Recht und Ethik der modernen Medizin« Margot von Renesse in der Bundestagsdebatte. Gibt es aber eine gemeinsame Basis, die es ermöglicht, allgemein verbindliche Regeln der Biomedizin und der Biotechnologie zu bestimmen? Einig in der Debatte war man sich nur darüber, dass die Menschenwürde eine solche Grundlage darstellt. Worin aber die Würde des Menschen besteht und welche Grenzen sie daher setzt, blieb offen.

1.1 Autonomie in der Ethik und der Biomedizin

Die **Autonomie** des Menschen, seine Fähigkeit, sich selbst Gesetze des Handelns zu geben, ist der Grund seiner Würde, meint Immanuel Kant. Autonomie wird heutzutage, in modernen liberalen Gesellschaften, als die Fähigkeit verstanden, über seine eigenen Belange unabhängig von Zwängen selbst bestimmen zu können. Die Achtung der Autonomie ist ein selbstverständliches Gebot geworden. Das Selbstbestimmungsrecht ist ein wesentlicher Bestandteil des demokratischen Werthorizonts und genießt in vielen Ländern der Erde Verfassungsrang. Wenn uns das Recht verliehen ist, selbst darüber zu bestimmen, wie wir leben wollen, dann sollte dies auch in der Biomedizin gelten. Wie auch immer also bioethische Regelungen und Entscheidungen getroffen werden: In liberalen und demokratischen Gesellschaften stehen sie unter dem Vorbehalt der Achtung individueller Autonomie.

Natürlich kennt diese Grenzen. Sie endet am Selbstbestimmungsrecht anderer und an gemeinsam geteilten Wertüberzeugungen. Freiheit ist immer auch die Freiheit des anderen. Um Autonomie dauerhaft für alle zu sichern, kann somit die individuelle Souveränität nicht uneingeschränkt gelten, sondern muss eingehegt werden. Dem Ideal des politischen Liberalismus gemäß werden die Einschränkungen individueller Autonomie aber wiederum aus autonomen Entscheidungen in einer gemeinsamen Übereinkunft gewonnen. Kurz, wir selbst setzen uns die Grenzen unserer individuellen Freiheit eingedenk der Freiheit aller. Mit der Emphase auf der individuellen Selbstbestimmung ist deshalb entgegen üblicher Befürchtungen keineswegs ein *anything goes* oder der Verlust aller verbindlichen Werte verbunden.

Die menschliche Autonomie spielt somit in Bezug auf bioethische Fragen eine zweifache Rolle. Zum einen betrifft sie **individuelle Entscheidungen** von Personen, die im medizinischen Kontext meist Patienten sind, zum anderen **gemein-schaftliche Entscheidungen** darüber, welche Optionen für eine persönliche Entscheidung zur Verfügung beziehungsweise nicht zur Verfügung stehen sollen. Es ist eines, ob man beispielsweise auf eine pränatale Diagnose verzichten will, weil die eigenen Überzeugungen dagegen sprechen, und ein anderes, ob es überhaupt irgendjemandem erlaubt sein sollte, eine solche durchführen zu lassen. Die erste Entscheidung ist eine *individuelle*, sie ist geprägt von persönlichen Wertüberzeugungen. Die zweite hingegen ist eine kollektive oder *soziale*. Durch sie werden allgemein verbindliche Regeln formuliert.

Häufig wird nur im zweiten Falle von einer *moralischen* Frage gesprochen. **Moral** wäre demnach immer Sozialmoral, da sie die Handlungen respektive Unterlassungen betrifft, die von jedem gefordert werden können und bei Zuwiderhandlungen Sanktionen nach sich ziehen. Moral steht so gesehen in einer engen Verbindung zum Recht. Ob man darüber hinaus bezüglich individueller Wertüberzeugungen wirklich sinnvoll von einer individuellen *Moral* sprechen kann oder nicht: Wesentlich ist, den Unterschied im Auge zu behalten, denn eine Vermischung führt zu verbreiteten Missverständnissen.

So wird zum einen behauptet, die Moral sei ein völlig subjektives Regelwerk, jeder gebe sich andere Vorschriften. Moral wird zu einer Art Geschmacksfrage, dümpelt nahe am Willkürlichen. In einem bestimmten Sinne ist diese Auffassung, wie gerade dargestellt, durchaus verständlich. Allerdings nur in Bezug auf den Bereich der individuellen Moral. Persönliche Wertüberzeugungen sind selten durch freie Entscheidungen zustande gekommen und auch nur wenig durch Argumente zu beeinflussen. Insofern sind sie tatsächlich subjektiv, wenn auch sicherlich nicht einfach Fragen des Geschmacks, geschweige denn irrational. Die Sozialmoral hingegen wird nicht subjektiv generiert, sondern intersubjektiv. Sie entsteht durch eine Übereinkunft zwischen verschiedenen subjektiven Wertüberzeugungen. Jeder, so das Ideal einer begründeten Sozialmoral, muss den Regeln zustimmen können. Daher ist die Sozialmoral keineswegs willkürlich, hier kommt es ganz im Gegensatz zu individuellen Überzeugungen gerade auf vernünftige Gründe an.

Zum anderen wird gesagt, die Moral sei zu »dünn«, biete nicht genügend Wertmaßstäbe, um wirklich handlungsanleitend zu sein. Damit wird auf die Tatsache angespielt, dass eine sozial verbindliche Moral eine minimale Moral ist. Da nämlich in modernen Gesellschaften kaum allgemein geteilte Werte herrschen, es vielmehr einen Wertepluralismus gibt, werden notgedrungen nur wenige abstrakte Regeln und Werte auf generelle Zustimmung bauen können. Die Bedenken ergeben sich aber aus einem – gegenüber dem vorher erwähnten – umgekehrten Mangel an Distinktion. Die Sozialmoral wird als der einzige ethische »Ratgeber« des Menschen erachtet. Aber individuelle moralische Wertüberzeugungen ergänzen die Vorgaben der Sozialmoral, wenn sie auch nicht im Gegensatz zu ihr stehen dürfen. Eine überzeugte Katholikin mag sich beispielsweise die Handlungsregel geben, niemals abzutreiben, weil sie überzeugt davon ist, dass ein Schwangerschaftsabbruch gegen Gottes Gebote verstößt, ohne dass damit schon eine allgemein verbindliche und sanktionierte Handlungsregel formuliert wäre. Orientierung finden wir ebenso an sozialen wie an individuellen Handlungsvorschriften. Die einen geben den Rahmen, die anderen die Richtung, so könnte das Verhältnis beschrieben werden.

Gerade am Beispiel der Abtreibung entzündet sich aber ein weiteres und sehr grundlegendes Problem, das den Stellenwert der individuellen Autonomie bei der Generierung der Sozialmoral betrifft. Besteht die Moral wirklich in einer Art Übereinkunft? Ist sie nicht etwas **objektiv** Gegebenes? Für eine Katholikin stellt ein streng gefasstes Tötungsverbot, welches das Verbot der Abtreibung einschließt, üblicherweise nicht eine persönliche Überzeugung dar. Sie ist vielmehr der Meinung, dass diese Ansicht objektiv richtig ist, unabhängig davon, wie andere Menschen darüber urteilen. Insofern mag sie möglicherweise nicht bereit sein, widerstreitende Wertüberzeugungen anzuerkennen. Wie sollte sie es hinnehmen können, dass Frauen abtreiben dürfen, wenn sie überzeugt ist, dass nur der uneingeschränkte Schutz des Lebens der einzig wahre Wert ist? Hier liegt keine Vermischung der individuellen mit der sozialen Moral vor, sondern eine bestimmte Auffassung der Sozialmoral. Dieser zufolge sind allgemein verbindliche Normen den Menschen vorgegeben und nicht von ihnen selbst gemeinsam durch autonome Setzungen geschaffen.

Was dürfen wir tun? So wird die Frage nach der Moral häufig formuliert. Sie kann im eben genannten Sinne suggerieren, es gebe eine Instanz, die wir befragen können und die uns mitteilt, was uns zu tun erlaubt ist. Wer aber sollte diese Rolle übernehmen? Denkbare Kandidaten wären: ein Gott (nicht unbedingt der christliche) oder die Natur. In modernen pluralistischen Gesellschaften, wie wir sie heutzutage fast überall auf der Erde vorfinden, fallen aber solche »externen« Quellen von allgemein verbindlichen moralischen Werten aus. Nicht jeder glaubt an Gott oder sieht die Natur als Quell des Guten an, und es gibt keine vernünftigen Gründe, die diese Überzeugungen widerlegen könnten. Unterschiedliche Vorstellungen vom Guten haben in einer wertoffenen Gesellschaft ihre Berechtigung.

Der damit getroffene Befund gilt wohlgemerkt für die **Sozialmoral**. Jedem Gläubigen ist es unbenommen, persönlich nach den Regeln seines Gottes zu handeln. Er sollte sie nur anderen nicht einfach aufzwingen. Es existiert keine vom Menschen unabhängige Sozialmoral, die es zu entdecken gilt. Wir selbst bestimmen darüber, was richtig und falsch ist. Wir erfinden moralische Regeln. Für viele mag das unbefriedigend und sogar gefährlich erscheinen; es ist aber die einzige begründete Position, die unterschiedlichen Wertauffassungen Achtung entgegenbringt.

Zugegeben, es erscheint etwas bequem, fundamentalen Wertüberzeugungen, wie sie sich etwa aus dem christlichen Glauben ergeben, nur noch persönliche Geltung zuzugestehen. Schließlich formen gerade diese grundlegenden Ansichten die Identität von Personen und können aus bioethischen Debatten nicht einfach ausgeblendet werden. Zudem erweisen sich vielleicht bestimmte Werte oder Vorstellungen von einem guten Leben anderen gegenüber als überlegen.

Dennoch müssen Unterscheidungen getroffen werden zwischen partikularen und generalisierbaren Wertaussagen. Das bedeutet keineswegs, dass persönliche Wertüberzeugungen zurückgehalten oder ausgeklammert werden müssten, am Ende gar wertlos würden. Die liberale Moral lässt friedliche Auseinandersetzungen über fundamentale Werte durchaus zu, sie sollte sogar zur öffentlichen Debatte darüber ermuntern. Gerade weil Wertfragen keine einzige »Wahrheit« kennen, ist die Suche nach angemessenen Überzeugungen ein gemeinsames Projekt. In Bezug auf viele dieser Wertfragen wird aber keine Einigung zu erzielen sein. Auf keinen Fall sollte dann bestimmten – angeblich vorzugswürdigen – Werten per Zwang zur Geltung verholfen werden. Solange keine vernünftige, auf Gründen basierende Ausweisung der Überlegenheit bestimmter Vorstellungen vom Guten erfolgt, ist jeder Zwang gegen andere ein Verstoß gegen das Gebot der Achtung autonomer Personen; im Sinne Kants also ein Angriff auf die menschliche Würde.

Der Autonomie des Menschen kommt somit eine zweifache Aufgabe zu: die Selbstbestimmung zu beschränken und sie zu verwirklichen. Die Menschen bestimmen gemeinsam über das moralisch Richtige und Falsche. Damit wird ein Gebiet erschlossen, in dem sich individuelle Entscheidungen bewegen können. Auch die Einschränkungen der individuellen Selbstbestimmung sind demnach letztlich autonom gesetzte.

1.2 Selbstbestimmung des Patienten

Im medizinischen Alltag, in der alltäglichen Begegnung zwischen Arzt und Patient stellen sich Fragen danach, was getan oder unterlassen werden soll, was richtig oder falsch ist, in anderer Form als in der überindividuellen moralischen Bewertung von Handlungsoptionen. Die Frage einer Patientin: Was ist richtig für mich? oder: Was soll *ich* tun? ist zu unterscheiden von der Frage: Was ist richtig für alle, oder was soll *man* tun? Letztere fragt nach dem angemessenen Rahmen für individuelle Entscheidungen, erstere hingegen nach dem, was den eigenen Wertvorstellungen zufolge in einem bestimmten Fall getan werden soll. Was für jemanden in diesem Sinne zu tun richtig ist, sollte ihm nach Ansicht vieler selbst überlassen sein; er soll darüber selbst bestimmen können.

Aber es existieren anscheinend gute Gründe, warum **Selbstbestimmung** in der medizinischen Praxis eine weniger prominente Rolle spielen sollte als in anderen Bereichen. Wenn auch jeder für sich selbst bestimmen muss, wie für ihn zu leben gut ist, weiß doch das medizinische Personal offenbar am besten, was *medizinisch* gut ist. Gesundheit ist das von der Medizin erstrebte Gut, und Ärzte sind Fachleute dafür, wie es zu erreichen ist. Das **Wohl des Patienten** zu fördern ist das Ziel des Arztes, und das medizinische Wohl besteht in der Gesundheit. Insofern scheint es keinen Bedarf für die Autonomie des Patienten zu geben, weil die Ärzte am besten wissen, was gut für den Patienten ist. Ebenso wie für einige Menschen die Frage, wie insgesamt zu leben gut ist, von Gott beantwortet wird, könnte doch darüber, was medizinisch gut ist, der »Gott in Weiß« entscheiden.

Das Bild des gütigen und wissenden Vaters, der dem unmündigen und unaufgeklärten Kranken zu Hilfe eilt, bestimmte das **Arzt-Patienten-Verhältnis** bis in die jüngste Zeit. Erst die schrecklichen Verbrechen der Ärzte im Nationalsozialismus zwangen dazu, die Angemessenheit dieses paternalistischen Modells grundlegend in Frage zu stellen. Die Tatsache, dass Ärzte durch ihre reine Ausrichtung auf das Wohl von Patienten eine Vorbildfunktion in der Gesellschaft innehaben sollten, machte die Quälereien und Tötungen im Namen des Heils umso unerträglicher. Offenbar ließ sich das angeblich objektiv bestimmbare medizinische Wohl als Camouflage für die dunkelsten politischen Zwecke missbrauchen. Der Tod selbst wurde in dieser verqueren Perspektive zu einer »Wohltat« für leidende Menschen, die Qual im Menschenexperiment zum notwendigen Bestandteil auf dem Weg zur Verbesserung des menschlichen Geschicks.

Nach den Nürnberger Prozessen wurde im so genannten **Nürnberger Kodex** erstmalig die freiwillige Zustimmung zu medizinischen Maßnahmen – dabei stand die Forschung am Menschen im Vordergrund – zum unbedingten Erfordernis erklärt. Im Zuge weiterer wichtiger Dokumente wie der Deklaration von Helsinki und dem Aufkommen der Bürgerrechtsbewegung in westlichen Nationen verstärkte sich das Bewusstsein für das individuelle Selbstbestimmungsrecht in der Medizin. Heutzutage ist in den meisten Ländern, auch in Deutschland, die informierte Einwilligung des Patienten zu medizinischen Maßnahmen obligatorisch.

Die Erkenntnis, dass sogar wohlmeinende Ärzte nicht immer am besten wissen, was richtig ist, darf eigentlich nicht überraschen. Ganz abgesehen von der häufig herrschenden Unsicherheit über die richtigen Mittel bei Heilversuchen, ist zunächst das Ziel der medizinischen Behandlung, nämlich **Gesundheit**, keineswegs eindeutig bestimmt. Was genau ist darunter zu verstehen? Ist Gesundheit nur die Abwesenheit von Krankheit oder ein »Zustand völligen physischen, seelischen und sozialen Wohlergehens«, wie die Weltgesundheitsorganisation einst definierte? Fließen nicht in den Begriff der Gesundheit Wertvorstellungen mit ein, die seine scheinbare Objektivität in Frage stellen? Gibt es nicht starke individuelle und kulturelle Abweichungen in den jeweiligen Gesundheitsvorstellungen?

Zwar ist es richtig, dass die Medizin als Wissenschaft die Funktionen des menschlichen Organismus untersucht und insofern ein Gesundheitskonzept anstrebt, das nicht auf subjektiven Wertvorstellungen beruht. Damit schafft sie ein notwendiges Fundament für die Rechtfertigung vieler medizinischer Eingriffe, denn die Beseitigung einer Krankheit gilt dafür als guter Grund. Allerdings ist damit nur die »objektive« Seite eines medizinischen Urteils gedeckt. Ebenso essentiell, wenn nicht wichtiger, ist für die klinische Praxis die Einschätzung des jeweiligen Zustands durch den Betroffenen selber. Die Patientin mag eine abweichende Auffassung von ihrem Gesundheitszustand mitbringen, etwa wenn sie der Meinung ist, dass ein an sich pathologischer Zustand sie nicht weiter beeinträchtigt. In manchen Fällen mag dieses individuelle Urteil falsch sein, die Patientin sich über ihr »wirkliches« Wohl täuschen. Aber eine Ausrichtung am Maß der wertneutral bestimmten medizinischen Normalität hilft dann nicht mehr weiter. Kurz, das besondere Wissen des Arztes über die Funktionsweise des menschlichen Organismus nutzt ihm in der klinischen Situation nur bedingt, weil subjektive Wertvorstellungen des Patienten die Bestimmung des medizinischen Wohls mit beeinflussen. Gesundheit ist in diesem Zusammenhang ein holistischer Wert, da der Patient als Person insgesamt beachtet werden muss, um ihn zu bestimmen.

Zudem ist Gesundheit keineswegs der einzige Wert, der die menschliche Lebensqualität bestimmt. Somit muss die Medizin ihren Blick über fachspezifische Beurteilungen der organismischen Verfassung eines Patienten hinaus erweitern, will sie tatsächlich im Dienste des menschlichen Wohls stehen. Ob beispielsweise eine Brustamputation die richtige Behandlung bei einer Krebserkrankung ist, hängt nicht ausschließlich von rein medizinischen Parametern ab, sondern ebenso von individuellen Werten, etwa bezüglich der körperlichen Erscheinung oder der Sexualität. An den genannten Stellen kommt dem Wert der individuellen Selbstbestimmung in der medizinischen Praxis eine tragende Rolle zu.

Autonomie ist nicht nur Determinante, sondern ebenso **Bestandteil des menschlichen Wohls.** Wir bestimmen nicht nur selber zu einem großen Ausmaß, *was* gut für uns ist, sondern die Ausübung unserer Autonomie ist auch wichtig dafür, *dass* es uns wohl ergeht. Wird die Selbstbestimmung über Gebühr eingeschränkt, verlieren wir ein wichtiges Element unserer Lebensqualität. Dieser für den politischen Bereich allgemein akzeptierte Befund gilt genauso in der Medizin.

Die eingeklagte freiwillige Zustimmung zu medizinischen Maßnahmen begründet sich nach der genannten Argumentation folglich keineswegs nur durch rechtliche Sicherungsmaßnahmen gegen Fehlbehandlungen und verbrecherische Absichten, sondern durch genuin ethische Überlegungen. Das moralische Gebot der Bewahrung des Wohls anderer Menschen schließt auch für die Medizin an zentraler Stelle die Achtung der individuellen Autonomie ein. Insofern wirft das ritualisierte Einholen einer Unterschrift vor einer Heilbehandlung ein schiefes Bild auf den Stellenwert der Zustimmung. Nicht um ein Abnicken des durch den Arzt vorgezeichneten Weges geht es, sondern um eine selbstbestimmte Entscheidung, was zu tun richtig ist.

1.3 Informiertes Einverständnis

Die Zustimmung des Patienten hat sich in der modernen Medizin zur nicht umgehbaren Hürde einer jeden gerechtfertigten Behandlung oder auch Mitwirkung an medizinischer Forschung entwickelt. Um aber eine wirklich autonome Entscheidung über die im Sinne des Patienten richtige medizinische Maßnahme zu erreichen, sind verschiedene Bedingungen zu erfüllen. Diese sind im Konzept des **informierten Einverständnisses** (*informed consent*) zusammengefasst. Insgesamt vier Elemente gehören dazu: Kompetenz, Freiwilligkeit, Informiertheit und Zustimmung. Das im Folgenden vorgestellte Konzept der informierten Zustimmung formuliert ein *Ideal*. In der tatsächlichen medizinischen Praxis kann es häufig aufgrund verschiedener Einschränkungen nicht in vollem Umfang verwirklicht werden. Dennoch bietet es einen wesentlichen ethischen Maßstab der medizinischen Praxis.

Voraussetzung einer informierten Zustimmung ist zunächst, dass die Patientin **kompetent** ist, über eine medizinische Behandlung zu entscheiden. Kompetenz wird hier verstanden als ein Bündel von Fähigkeiten, die es ermöglichen, eine spezifische Aufgabe zu erfüllen. Nötig sind vor allem kognitive Fähigkeiten wie Verstehen, Überlegen, Abwägen und Entscheiden, aber auch die konative Fähigkeit zur emotionalen Bewertung von Handlungsalternativen sowie die Fähigkeit zur Kommunikation – die selbstverständlich nicht unbedingt sprachlich erfolgen muss. Wer aber überhaupt keine zustimmende oder ablehnende Haltung einnehmen oder diese nicht vermitteln kann, ist nicht kompetent. Fortgeschrittene Demenz, bestimmte Formen schwerer geistiger Behinderung und Bewusstlosigkeit sind Verfassungen, in denen keine Einwilligungsfähigkeit vorliegt. Psychische Beeinträchtigungen wie Depression, Verwirrtheit oder Schock, die häufig Begleiterscheinungen von Krankheiten oder Verletzungen sind, können ebenfalls die Entscheidungskompetenz eines Patienten einschränken.

Bei der Kompetenz handelt es sich aber um eine aufgabenspezifische, nicht um eine generelle Eigenschaft von Personen. Selbst geistig behinderte Menschen, die in den Augen vieler inkompetent sind, können meist über verschiedene Bereiche ihres Lebens autonom entscheiden. Es überrascht nicht weiter, dass Fähigkeiten und damit Kompetenz zudem in verschiedenen Graden vorliegen können. Jemand kann also mehr oder weniger fähig zum Einverständnis sein. Kompetenz ist überdies nicht unbedingt dauerhaft vorhanden, sie kann sich bei ein und demselben Patienten über die Zeit verlieren beziehungsweise entwickeln. Ob eine Person kompetent ist, hängt demnach vom individuellen Fall und der gestellten Aufgabe ab.

Es ist umstritten, welcher Grad der Beeinträchtigung dazu führt, dass die Grenze zur Inkompetenz überschritten wird. Es gibt keinen Test, der eindeutig darüber Auskunft geben könnte. Jedem möglichen Standard haftet ein Hauch von Willkür an, ähnlich wie bei der Festlegung der Wahlberechtigung oder der Strafmündigkeit. Es scheint aber zumindest klar, dass Kompetenz nicht mit Rationalität gleichgesetzt werden sollte. Menschen können durchaus in der Lage sein, autonome Entscheidungen zu treffen, auch wenn diese möglicherweise in den Augen vieler irrational sind. Autonomie zeigt sich nicht im Inhalt, sondern in der Form einer Entscheidung. Dennoch gibt es offenbar gute Gründe, die mutmaßliche Kompetenz des Betroffenen dann besonders kritisch zu beäugen, wenn die Entscheidung gravierende Folgen nach sich ziehen kann, beispielsweise wenn sie eine lebensnotwendige Operation betrifft. Risikoabhängige Standards der Kompetenz wären hier eine denkbare, wenn auch strittige Ergänzung.

Die zweite Voraussetzung des informierten Einverständnisses ist die **Freiwilligkeit**. Auch hier ist nicht unumstritten, was genau damit verlangt wird. Die Abwesenheit von Zwang oder Fremdkontrolle ist zumindest gefordert, einige Kommentatoren verlangen aber weitergehend die »Authentizität« einer Zustimmung. Tatsächlich bestehen in der medizinischen Praxis verschiedene subtile Einflussmöglichkeiten auf die individuelle Entscheidung. So mag beispielsweise die Darstellung von Risiken einer »späten« Schwangerschaft durch den behandelnden Arzt oder in der Öffentlichkeit eine Zustimmung zur pränatalen Untersuchung befördern, die möglicherweise ohne diesen Druck gar nicht erteilt worden wäre. Auch in Institutionen wie Gefängnissen oder psychiatrischen Kliniken kann Zwang auf versteckte Weise ausgeübt werden.

Das dritte Element besteht in der **Informiertheit**. Eine Patientin kann nur dann autonom über eine Behandlung entscheiden, wenn sie weiß, was diese beinhaltet und welche Alternativen bestehen. Neben den bereits genannten kompetenzspezifischen Fähigkeiten kommt es hier auf die tatsächliche ärztliche Aufklärung an. Die Patientin muss die notwendigen Informationen bezüglich der Behandlungsoptionen erfasst haben, nicht bloß prinzipiell dazu befähigt sein. Der Ärztin stellt sich demnach die Aufgabe, über alles aufzuklären und nichts zu verheimlichen. Die Informationen sind so zu vermitteln, dass sie verstanden und bewertet werden können. Insbesondere eine angemessene Aufklärung über Risiken ist gefordert, wozu nicht einfach gehört, statistische Zahlen zu nennen, sondern sie in den Kontext einzubetten, sodass eine wirkliche Abwägung möglich ist. Um ein Beispiel zu nennen: Die übliche Empfehlung einer Fruchtwasseruntersuchung bei »späten« Schwangerschaften wird mit dem erhöhten Risiko begründet, ein Kind mit Down-Syndrom zu bekommen. Dass dieser Test routinemäßig bei älteren Schwangeren nahegelegt und – zum Teil ohne ausdrückliches Einverständnis – durchgeführt wird, hat aber nicht nur damit zu tun. Die Wahrscheinlichkeit einer genetisch bedingten Fehlbildung liegt bei etwa einem Prozent und ist gegenüber jüngeren Schwangeren nur geringfügig höher. Nur ist das Risiko eines Aborts durch die invasive diagnostische Untersuchung dann genauso groß wie das einer Fehlbildung.

Schwierigkeiten ergeben sich aus der Frage, welche Informationen ein Patient für eine informierte Zustimmung benötigt. Hier spielen nicht nur mangelnde Zeit und fehlendes medizinisches Fachwissen eine Rolle. Die Informationen über den Zustand des Patienten sind für eine Entscheidung über den

Behandlungsverlauf wesentlich, deren Gewinnung steht aber wiederum unter dem Vorbehalt medizinischer Selbstbestimmung. Kurz, obwohl eine Ärztin die Pflicht hat, umfassend Auskunft zu erteilen, heißt das nicht, dass sie ohne weiteres dazu berechtigt wäre, alle möglichen Informationen einzuholen, die sie für notwendig erachtet. Umgekehrt will ein Patient bestimmte Informationen möglicherweise gar nicht bekommen. Das Kriterium der Informiertheit des Patienten ist also, wie die anderen auch, keineswegs eindeutig bestimmt, sondern notgedrungen vage.

Ob zur Aufklärung gehört, eine bestimmte Option zu empfehlen, oder ob bloß die verschiedenen Chancen und Risiken der Alternativen dargestellt werden sollen, wird unterschiedlich interpretiert und verweist auf Meinungsverschiedenheiten bezüglich des angemessenen Arzt-Patienten-Verhältnisses. Wenn der Arzt als Ratgeber des Patienten gesehen wird, ergibt sich ein anderes Bild, als wenn der Patient als Kunde im Medizinbetrieb gilt. Es ist aber kaum zu bezweifeln, dass viele Patienten sich Empfehlungen vom medizinischen Personal wünschen und diesem Wunsch entsprochen werden sollte. Schließlich ist eine Behandlungsentscheidung oftmals schwierig zu treffen, selbst wenn man die nötigen Informationen besitzt und sich über seine eigenen Werte im Klaren ist. Zudem sind Patienten trotz vorliegender Entscheidungskompetenz meist durch Schmerzen beeinträchtigt oder verängstigt. Die größere Erfahrung auf Seiten der Mediziner kann dann hilfreich sein.

Der letzte Bestandteil eines informierten Einverständnisses ist die **Zustimmung** beziehungsweise Autorisierung. Diese wird üblicherweise in Form einer Unterschrift erteilt. Wird die Zustimmung verweigert, darf der Arzt eine anvisierte Behandlung nicht durchführen, sonst macht er sich der Körperverletzung schuldig. Zwar gibt es selbstverständlich Situationen – die gleich noch zu diskutieren sind –, in denen entweder aufgrund besonderer Umstände kein informiertes Einverständnis benötigt wird oder die Einholung desselben nicht möglich ist. Aber wenn die Patientin kompetent, frei und aufgeklärt ist und ihr Einverständnis nicht erteilt, darf der Arzt nicht behandeln. Das kann insbesondere bei der Ablehnung lebensnotwendiger Operationen zu Konflikten führen, da Ärzte eine ihrer spezifischen Aufgaben darin sehen, Leben zu erhalten. Es herrscht daher manchmal die Tendenz vor, das angebliche Wohl des Patienten gegen seine autonome Entscheidung auszuspielen oder gar die Kompetenz des Betroffenen aufgrund seiner Verweigerung in Frage zu stellen. Auch wenn damit ernst zu nehmende Bedenken gegenüber einer einseitigen Glorifizierung autonomer Entscheidungen einhergehen, sollte klar geworden sein, dass umgekehrt die Gefahr besteht, die Forderung nach einem informierten Einverständnis zur Worthülse verkommen zu lassen.

Wie bei vielen grundsätzlichen Geboten gibt es auch beim Prinzip der Achtung medizinischer Selbstbestimmung **Ausnahmen**. Drei Situationen sind denkbar, in denen kein informiertes Einverständnis eingeholt werden muss, obwohl das theoretisch möglich wäre: Notfall, Verzicht und therapeutisches Privileg.

In **Notfallsituationen** wird von der kontrafaktischen Zustimmung ausgegangen, also angenommen, dass der Patient der Heilbehandlung zugestimmt hätte, wäre die nötige Zeit für eine Aufklärung verfügbar gewesen. Bei Gefahr im Verzug, insbesondere bei Lebensgefahr, ist dies sicher eine vernünftige Handhabung. Allerdings muss dabei beachtet werden, dass solche Ausnahmen in einigen Fällen vermieden werden können und sollten, indem über voraussehbare Notsituationen, die sich beispielweise durch medizinische Komplikationen ergeben können, vorab Vereinbarungen mit dem Patienten getroffen werden.

Andere Arten von Notfällen, die eine Zustimmung des Patienten überflüssig werden lassen, sind solche, die öffentliches Wohl und Gesundheit betreffen. Bei einer ansteckenden Krankheit oder bei Fremdgefährdung aufgrund einer psychiatrischen

Erkrankung sind bestimmte medizinische und nicht-therapeutische Eingriffe erlaubt. Einen Freibrief erhält das medizinische Personal damit aber selbstverständlich nicht.

Die Patientin kann außerdem auf die Ausübung ihres Rechts zur Selbstbestimmung freiwillig **verzichten**, die übliche Aufklärung ausschlagen und der Ärztin die notwendigen Entscheidungen überlassen. Problematisch daran ist, dass dieser Verzicht meist nicht aus freien Stücken erfolgt, sondern aufgrund unangemessener Vorstellungen über die Entscheidungskompetenz der Ärzte. Dem medizinischen Personal stellt sich deshalb die Aufgabe, genau zu prüfen, ob nicht verzerrende Einflüsse im Spiel sind. Je schwerwiegender die Folgen eines medizinischen Eingriffs für den Betroffenen ausfallen können, desto weniger angemessen erscheint der Verzicht auf die selbstständige Bestimmung des Behandlungsverlaufs.

Die Ausweitung der medizinischen Selbstbestimmung geht einher mit einer Vergrößerung der individuellen Entscheidungsmöglichkeiten. Aber die Möglichkeit, sich für oder gegen eine Behandlungsoption auszusprechen, kann zu neuen Zwängen führen. Viele Menschen fühlen sich durch diese neuen Entscheidungszwänge überfordert, insbesondere wenn es um diagnostische Maßnahmen geht, mit denen möglicherweise eine Krankheit oder die genetische Anlage zu einer Krankheit identifiziert wird, bei der keine oder unklare Heilungschancen bestehen. Das Wissen etwa, die genetische Anlage zu einer unheilbaren Krankheit zu haben, nutzt möglicherweise wenig, verunsichert hingegen stark. Im Zusammenhang mit dem genannten Verzicht auf medizinische Selbstbestimmung wird daher entsprechend auch über ein **Recht auf Nichtwissen** diskutiert, welches die genannten individuellen Überforderungen abmildern soll. Strittig ist aber, ob damit tatsächlich ein zusätzliches Recht formuliert wird oder ob es bereits im Recht auf medizinische Selbstbestimmung enthalten ist. Aus diesem folgt nämlich, dass Eingriffe ohne Einverständnis – und seien sie bloß zur Gewinnung von Informationen – nicht gerechtfertigt sind. Um der Gefahr des subtilen Drucks auf solche Entscheidungen zu entgehen, wäre in dieser Interpretation kein weiterer Rechtsanspruch nötig, sondern die konsequente Umsetzung des Prinzips medizinischer Selbstbestimmung.

Die dritte Ausnahme vom Recht zur medizinischen Selbstbestimmung wird dem so genannten **therapeutischen Privileg** zugestanden. Gemeint sind die seltenen Situationen, in denen die Aufklärung des Patienten diesem selber schaden könnte und deshalb »barmherzige Lügen« gerechtfertigt scheinen. So könnte die Enthüllung von Informationen zu Inkompetenz führen und damit dem Ideal der Autonomie zuwiderlaufen oder sogar das Leben des Patienten gefährden. Wie nicht anders zu erwarten, ist diese Ausnahme aufgrund ihrer hohen Missbrauchsgefahr besonders strittig. Schließlich muss *vor* der Aufklärung entschieden werden, ob sie möglicherweise die schwerwiegenden Folgen zeitigt. In Anbetracht des hohen Werts medizinischer Selbstbestimmung steht daher das therapeutische Privileg unter starkem legitimatorischen Druck und ist möglicherweise niemals zu rechtfertigen.

Erneut kann aber wenigstens ein hilfreiches Zusatzkriterium ins Auge gefasst werden: Es fragt sich, wie gravierend die Folgen einer möglichen Behandlung wären, die ohne das Einverständnis des Betroffenen erfolgen respektive unterbleiben soll. Einen ohnehin niedergeschlagenen Menschen am Lebensende über eine schwerwiegende Erkrankung nicht zu informieren, erscheint dann eher gerechtfertigt, als einer Schwangeren mit starkem Kinderwunsch die Möglichkeit pränataler Diagnostik zu verschweigen. Gänzlich abzulehnen ist selbstverständlich die Inanspruchnahme des therapeutischen Privilegs, falls die Ärztin lediglich fürchtet, der Patient könnte gegen ihren Rat eine Behandlung verweigern, und diesen potenziellen »Schaden« vom Patienten abwenden will, indem sie ihn erst gar nicht nach seinem Einverständnis fragt.

1.4 Paternalismus und Handeln zugunsten einwilligungsunfähiger Patienten

Wird das Prinzip der informierten Zustimmung als vorrangiger Maßstab des medizinischen Handelns in Frage gestellt, weil ein Konflikt zwischen dem vermeintlichen Wohl des Patienten und seiner autonomen Entscheidung besteht, ist dies als »starker« **Paternalismus** anzusehen, sei er nun gerechtfertigt oder nicht. Sowohl die Behandlung *gegen* den ausdrücklichen autonomen Willen eines Patienten als auch medizinische Interventionen *ohne* seine mögliche informierte Zustimmung bedeuten eine Verletzung der medizinischen Selbstbestimmung. Man könnte daher in beiden Fällen von Zwangsbehandlungen sprechen. Hingegen schiene es übertrieben, würde man Eingriffe, bei denen gar keine Kompetenz des Patienten vorliegt, ebenfalls als Zwang bezeichnen. Kein Wunder also, dass eine gewisse Tendenz besteht, die Verwerflichkeit einer Behandlung gegen den autonomen Willen zu umgehen, indem man den Patienten für inkompetent erklärt. Insbesondere in der Psychiatrie ist dies ein beliebter Schachzug. Eine andere Taktik, den starken Paternalismus zu umgehen, besteht darin, den anvisierten, aber vom Patienten abgelehnten Eingriff so lange hinauszuzögern, bis dieser tatsächlich inkompetent wird, etwa in Ohnmacht gefallen ist.

Obwohl der starke Paternalismus grundsätzlich abzulehnen ist, kommt es doch in der Medizin tagtäglich zu Begebenheiten, bei denen er angemessen und gerechtfertigt erscheint. Schließlich ist die Medizin in erster Linie dem Wohl des Patienten verpflichtet, und sollte sich dieser gegen sein eigenes Wohl entscheiden, kann es durchaus richtig erscheinen, sich darüber hinwegzusetzen. Sind nicht im Konfliktfall Gesundheit und Leben des Patienten gegenüber dessen Selbstbestimmung vorzugswürdige Güter? Schließlich sind sie Voraussetzung eines selbstbestimmten Lebens.

Das ist sicherlich richtig, aber daraus folgt keine Höherbewertung des scheinbar objektiven medizinischen Wohlergehens. Ein Leben erhält Sinn und Richtung erst durch die Person, die das Leben führt. Die bloße biologische Existenz oder Gesundheit erhält ihren Wert erst von dem, der sie genießt. Deshalb ist es falsch, individuelle Selbstbestimmung und Güter wie Leben und Gesundheit gegeneinander zu stellen. Sie gehören zusammen. Es ist durchaus denkbar, dass sich jemand in autonomer Weise gegen sein »objektives« Wohl entscheidet, beispielsweise aufgrund religiöser Überzeugungen. Viele Zeugen Jehovas etwa lehnen Bluttransfusionen ab, was im Extremfall dazu führt, individuellen Werten den Vorrang gegenüber dem Überleben zu geben. Es ist keineswegs ausgemacht, dass eine solche Entscheidung nicht wirklich autonom sein kann. Ist sie es, dann sollte sie auch respektiert werden.

Das bedeutet natürlich nicht, dass Ärzte keine Handhabe für eine Kritik und mögliche Korrektur autonomer Entscheidungen von Patienten hätten. Mit dem Verbot, gegen den Willen des Patienten zu handeln, verwirken sie nicht das Recht, zu versuchen ihn zu überzeugen. Letztlich ist es aber notwendig, von starken paternalistischen Maßnahmen sogar dann abzusehen, wenn sich jemand autonom gegen sein eigenes Fortleben entscheiden sollte.

Anders sieht die Sache aus, wenn die Patientin **inkompetent** ist. Wenn hier überhaupt von Paternalismus die Rede sein soll, dann – in Unterscheidung zu einem Eingriff gegen beziehungsweise ohne den möglichen autonomen Willen der Patientin – von schwachem Paternalismus. Eine informierte Zustimmung kann aufgrund der Verfassung der Betroffenen gar nicht erreicht werden. Deshalb ist eine Ersatzentscheidung nötig, die auf drei Weisen ermittelt werden kann: durch eine Patientenverfügung, einen Stellvertreter oder die Ermittlung des »vorrangigen Interesses« (*best interest*). Welcher der genannten Wege eingeschlagen wird, hängt sowohl von der Art der Inkompetenz ab – etwa, ob man es mit einem Kind, einem Dementen oder einem Komatösen zu tun hat – als auch davon, ob die betroffene Person jemals kompetent war.

Die erste Möglichkeit, eine Behandlungsentscheidung bei fehlender Einwilligungsfähigkeit herbeizuführen, besteht in einer so genannten **Patientenverfügung**. Damit sind dokumentierte Willensäußerungen einer ursprünglich kompetenten Person gemeint, die sich auf spezifische Behandlungsoptionen beziehen. Sie sind in Deutschland erst in letzter Zeit, genauer seit Ende 1998, mit der Veröffentlichung der Grundsätze zur ärztlichen Sterbebegleitung durch die Bundesärztekammer in den Blickpunkt gerückt, obwohl es schon längere Zeit Verfügungen über die Organentnahme nach dem Tod gab. Denkbar sind Verfügungen auch in Bezug auf Wiederbelebungsversuche oder künstliche Beatmung. Genau genommen werden damit gar keine Ersatzentscheidungen getroffen, sondern frühere autonome Entscheidungen von Patienten bezüglich möglicher medizinischer Eingriffe zugrunde gelegt und gewissermaßen in die Gegenwart verlängert. Obwohl Patientenverfügungen dem Ideal der medizinischen Selbstbestimmung am nächsten stehen, kommen sie nicht in jedem Fall in Frage, sondern nur bei anfänglich vorliegender Einwilligungsfähigkeit.

Dem Vorteil, durch Patientenverfügungen das Selbstbestimmungsrecht auch bei nicht vorliegender Entscheidungskompetenz zu verwirklichen, stehen einige ernst zu nehmende Nachteile entgegen. Die zeitliche Verschiebung der Willensäußerung ermöglicht eine Situation, in der zwar dem früheren Willen des Patienten entsprochen, dabei aber seinen aktuellen Wünschen zuwider gehandelt wird. Die Empfehlung, Patientenverfügungen regelmäßig zu erneuern, hilft hier nur bedingt, denn selbstverständlich sind auch plötzliche Willensänderungen denkbar. Einige Kommentatoren werfen sogar die weitergehende Frage auf, ob nicht beispielsweise aufgrund einer fortgeschrittenen Demenz die Identität der Patienten in Frage gestellt wird, ob nicht dann eine *andere* Person existiere. Ungeachtet dieser metaphysischen Fragen bleibt doch ein gewisses Unbehagen, aufgrund einer Verfügung die Behandlung abzubrechen oder gar nicht erst einzuleiten.

Meinungsänderungen sind nicht nur denkbar, sondern wahrscheinlich. Schließlich sind wir zur Bewertung eines prospektiven Zustands nur eingeschränkt in der Lage, da wir eben nicht wissen, wie er uns tatsächlich beeinträchtigen wird. Wir stellen uns möglicherweise vor, es könne nichts Schlimmeres geben, als dement vor uns hinzuvegetieren. Aber würden wir unser Dasein auch so beschreiben, wenn wir uns in dem entsprechenden Zustand befinden? Bekanntlich können Menschen sich an Lebensverhältnisse anpassen, die sie vorher als unsagbar schrecklich angesehen hätten. Eine pauschale Bewertung ist demnach gar nicht möglich. Patientenverfügungen können in die Irre führen. Doch vielleicht ist dies ein Preis, der für die Wahrung der Selbstbestimmung gezahlt werden sollte, denn umgekehrt kann natürlich auch die Missachtung einer Verfügung grausame Folgen zeitigen; gerade bei Patienten, die zu widersprechen nicht mehr in der Lage sind.

Die moralischen Probleme verstärken sich noch bei Entscheidungen durch einen **Stellvertreter**. Dieser soll eine Aussage darüber treffen, wie der Patient selber entschieden hätte, könnte er einer Behandlung zustimmen oder sie ablehnen – nicht etwa darüber, wie er – der Vertreter – entscheiden würde, wäre er in der Situation des Patienten. Man soll sich vorstellen, man sei die andere Person, mit deren Werten und Überzeugungen.

Die Suche nach dem mutmaßlichen Willen einer Patientin gestaltet sich in vielen Fällen als nahezu hoffnungsloses Unterfangen. Schließlich werden dazu Kenntnisse benötigt, welche die Identität der Betroffenen, ihre tiefsten Wertüberzeugungen, betreffen. Nahe stehende Angehörige und Freunde mögen diese Informationen tatsächlich besitzen. Und selbstverständlich ist die Suche nach dem mutmaßlichen Willen besser, als den eigenen Willen des Stellvertreters auf den Patienten zu projizieren. Aber abgesehen davon, dass Angehörige oftmals befangen sind, reicht dazu sicherlich nicht aus, etwa eine beim abendlichen Fernsehen geäußerte Abscheu vor langwierigem Leiden im Falle einer Krebserkrankung aufgeschnappt zu haben.

Zwar existieren Situationen in der medizinischen Praxis, in denen die meisten übereinstimmend für einen Behandlungsabbruch votieren würden. Der mutmaßliche Wille ist bei solchen Entscheidungen dennoch oft nur ein Weg, sich die Entscheidung selbst zu erleichtern, indem der nicht mehr einwilligungsfähige Patient kontrafaktisch mit einbezogen wird. Gerade bei Entscheidungen zum Tod ausschließlich auf einen mutmaßlichen Willen zurückzugreifen, ist moralisch gesehen heikel. Auch Überlegungen zur Lebensqualität der Betroffenen sind dabei nötig.

Die moralisch schwierigsten Entscheidungen sind im Falle von Patienten zu treffen, die niemals kompetent sein werden – wie von Geburt an geistig Schwerstbehinderte oder Anenzephale – oder die es – wie beispielsweise kleinere Kinder – noch nicht sind. Dabei soll deren **vorrangiges Interesse** den Fokus der Überlegung darstellen. Auch hier muss wohl kaum betont werden, dass damit ausschließlich das Interesse der Betroffenen selber, nicht das ihrer Angehörigen oder der Ärzte gemeint ist. Trotzdem gibt es in einigen Fällen Zweifel. So bestimmen Eltern üblicherweise über die Heilbehandlung ihrer Kinder, solange diese nicht einwilligungskompetent sind. In den häufigsten Fällen entscheiden sie tatsächlich so, wie es dem Wohl der Kinder am ehesten entspricht. Aber es gibt Fälle, beispielsweise bei der Knochenmarkstransplantation zwischen nicht-erwachsenen Geschwistern, wo das Interesse des Spenders durchaus abweichen kann. Zu schnell werden hier die Interessen der Eltern mit denen des Kindes identifiziert. Die gleichen Vorbehalte gelten für die in Deutschland besonders umstrittene Forschung an einwilligungsunfähigen Menschen. Auch hier sollten die unterstützenden Argumente ehrlicherweise nicht auf ein vermeintliches Interesse der Betroffenen selbst rekurrieren.

Das Problem, wie das Interesse eines Patienten am besten bestimmt werden kann, führt erneut zur Frage, worin dessen Wohl besteht. Weiter oben wurde darauf verwiesen, dass Menschen selbst bestimmen, was für sie gut ist, und dass die objektiven medizinischen Daten davon nur einen Teil ausmachen. Bei mangelnder Autonomie wird das vorrangige Interesse durch ein Urteil bestimmt, das notwendigerweise von außen erfolgt. Zwar wird versucht, das Beste aus der Perspektive des Betroffenen zu ermitteln, doch dabei bleibt nur, das individuelle Wohl als Fall des generellen menschlichen Wohls anzusehen. Spezifische individuelle Vorstellungen vom Guten, die über allgemeine Aussagen hinausgehen, sind an die Autonomiefähigkeit gebunden, die jetzt aber nicht vorliegt und auch niemals vorlag. Kurz, wir bewerten, was am besten für den einwilligungsunfähigen Patienten ist, anhand allgemeiner Urteile darüber, was für jeden Menschen generell gut ist. Beispiel dafür sind Aussagen der Art, dass es gut für Menschen ist, so wenig Schmerzen wie möglich zu erleiden, so viele Fähigkeiten wie möglich ausüben zu können oder möglichst unabhängig zu sein.

Die wohl schwerwiegendste und umstrittenste Frage in diesem Zusammenhang lautet: Kann der Tod jemals im vorrangigen Interesse einer Patientin sein? Kann er eine Wohltat sein? Wenn autonome Patienten selbst darüber zu entscheiden in der Lage sind und den Wunsch zu sterben äußern, dann mag das noch eingängig sein. Aber kann von außen bestimmt werden, ob der Tod gut ist? Macht man sich hierbei nicht in unangemessener Weise zum Richter über die Lebensqualität von abhängigen Menschen? Diese Fragen werden später näher untersucht.

1.5 Grenzen der Autonomie

Die individuelle Autonomie ist Bestandteil und Determinante des menschlichen Wohls. Die Medizin, die das menschliche Wohl zum Ziel ihres Handelns erklärt, richtet sich demnach auch auf die Bewahrung der Autonomie. Das Wohl ist das Ziel, die Autonomie legt den Weg fest. So gesehen lautet der Auftrag an die Biomedizin, alles zu tun, was dem menschlichen Wohl nutzt, solange es erlaubt und individuell gewünscht ist. Heißt das, dass alles getan werden darf und sollte, was der Patient wünscht? Bedeutet medizinische Autonomie nur ein Abwehrrecht gegen unerwünschte Eingriffe oder besteht ein genereller Anspruch auf Verbesserung der Lebensqualität durch medizinische Behandlung? Soll Autonomie also negativ als Abwesenheit von Zwang oder positiv als Ermächtigung verstanden werden?

Die Verweigerung von medizinischen Eingriffen, die von Seiten des Patienten eigentlich gewünscht sind, wird als **passiver Paternalismus** bezeichnet. Vergegenwärtigt man sich erneut die starken Argumente gegen den Paternalismus, scheint auch die Berechtigung des passiven Paternalismus in Frage gestellt. Dennoch spricht einiges für die Ansicht, dass das medizinische Handeln nicht nur durch allgemein verbindliche Regeln, sondern auch durch die – richtig verstandene – Ausrichtung auf das menschliche Wohl begrenzt werden sollte. Es gibt anscheinend legitime Einschränkungen einer »wild gewordenen« medizinischen Selbstbestimmung und damit gerechtfertigten passiven Paternalismus. Der Patientenwunsch sollte zwar als notwendige Bedingung eines legitimen medizinischen Eingriffs angesehen, nicht aber zum hinreichenden Element erklärt werden. Die Medizin darf nicht zum Supermarkt für Medizinkunden verkommen, seien diese auch noch so aufgeklärt und autonom. Um Begrenzungen medizinischen Handelns in dieser Art zu begründen, wird allerdings eine andere Basis als die der minimalen Sozialmoral benötigt.

Um das Problem an einem Beispiel zu konkretisieren, das hypothetisch, aber nicht völlig aus der Luft gegriffen ist: Angenommen, eine ambitionierte Bogenschützin möchte ihre Fähigkeiten verbessern, indem sie sich eine Brust amputieren lässt. Sie würde den Eingriff als Verbesserung ihrer Lebensqualität ansehen. Vorausgesetzt, sie ist entscheidungskompetent und bereit, für die Kosten selbst aufzukommen; welchen Grund haben wir, die Maßnahme abzulehnen oder gar zu verbieten? Schließlich wird niemand durch einen solchen Eingriff geschädigt und die Frau selbst wünscht ihn in autonomer Weise. Ein Verbot des Eingriffs scheint liberale Prinzipien zu unterlaufen. Zudem, was unterscheidet diesen Fall von anderen nicht-therapeutischen Eingriffen in die körperliche Unversehrtheit wie Brustvergrößerungen, Beschneidungen, ja selbst Sterilisationen, die bei autonomen Menschen als legitim angesehen werden? Der passive Paternalismus kann also nicht gerechtfertigt werden, indem die Ausrichtung der Medizin auf die Behandlung von Krankheiten und die Beseitigung von Leid beschränkt wird. Das Argument, das Ziel der Medizin sei bloß die Beseitigung von *Einschränkungen* des Wohls, nicht aber die *Verbesserung* des menschlichen Geschicks, ist leicht zu entkräften.

Ein naheliegender Einwand gegen die Brustamputation im Beispielfall besteht im Gebot der **Schadensvermeidung**. *Primum nil nocere* (als erstes nicht schädigen), so heißt es schon bei Hippokrates. Aber es ist fraglich, ob das Prinzip in diesem Fall einschlägig ist, da unklar ist, was als Schädigung zu verstehen ist. Die Fehler einer objektiven Theorie des Patientenwohls drohen hier erneut begangen zu werden. Selbst wenn jeder Eingriff in die körperliche Unversehrtheit als Schädigung angesehen wird, ist doch moralisch gesehen entscheidend, was *insgesamt* dem Patientenwohl dient. Schließlich werden in der Medizin häufig massive Eingriffe bewusst durchgeführt, um einem sinnvollen Zweck zu dienen. Niemand würde eine Brustamputation als Schädigung ansehen, wenn eine krebskranke Patientin dieser zustimmt.

Überzeugender erscheint der Vorwurf der **Nutzlosigkeit** des gewünschten Eingriffs. Für den genannten Beispielfall könnte argumentiert werden, dass eine Brustamputation nicht in hinreichender Weise dem gewünschten Zweck dient, nämlich eine bessere Bogenschützin zu werden. Der Begriff der Nutzlosigkeit ist einigermaßen vage, scheint hier aber zu greifen.

Die Nutzlosigkeit einer Behandlung wird in dieser Argumentation als empirische Angelegenheit verstanden, also als Frage, ob die medizinische Intervention tatsächlich den angestrebten Nutzen erbringt. So gesehen ist es eine Frage der Rationalität, ob man den Eingriff verlangen sollte. Aber es ist wenig überzeugend, die anscheinende Nutzlosigkeit einer Behandlung schon für hinreichend zu erklären, um sie zu verweigern. Schließlich sollte auch hier der Grundsatz gelten, dass autonome Entscheidungen irrational sein dürfen.

Es erscheint also unwahrscheinlich, dass begründete Einwände gegen medizinisch mögliche, aber scheinbar unsittliche Interventionen aus der Unterscheidung zwischen Heilbehandlung und Verbesserung oder dem Prinzip der Schadensvermeidung gewonnen werden können. Gleiches gilt für den Vorwurf der Nutzlosigkeit. Zwar können diese Strategien möglicherweise helfen, obligatorische von optionalen Eingriffen zu trennen. Aber nun geht es um die Frage, ob bestimmte medizinische Interventionen – selbst wenn sie eigenfinanziert sind – überhaupt angeboten werden dürfen.

Der Schlüssel zur Kritik an einigen medizinischen Verbesserungstätigkeiten liegt wohl eher in der dabei zu beobachtenden Kolonialisierung anderer Lebensbereiche. Zwar ist die Verbesserung des menschlichen Loses ein durchaus angemessenes Ziel der Biomedizin. Aber sie bildet nur *einen* Bereich des menschlichen Daseins, dessen Zweck im Wohl des Menschen besteht. Weitere sind etwa Erziehung, Politik, Kultur oder Technik. Die

Hybris der Biowissenschaften kommt zum Vorschein, wenn sie sich als Dienerin des menschlichen Wohls in allen Lebenslagen begreift und fremde Gebiete »medikalisiert«. Auf Seiten der biomedizinischen »Kunden« wird verkannt, dass Autonomie nicht nur eine Fähigkeit, sondern auch eine Aufgabe ist, die sich in verschiedenen Bereichen jeweils anders stellt. Der Glaube, die moderne Medizin könne alle Lebensprobleme lösen und das Leben verbessern, führt letztlich zu einer Verringerung und Entwertung der menschlichen Autonomie.

Die ambitionierte Bogenschützin hat einen durchaus gerechtfertigten Wunsch, nämlich den, ihre Fähigkeiten zu verbessern. Aber es ist offensichtlich, dass die Medizin nicht die richtige Institution ist, um ihr bei der Verfolgung dieses Ziels zu helfen. Das Problem ist weniger die Nutzlosigkeit des geplanten Eingriffs als seine eigenartige Bezugsvergessenheit. Die Medizin hat die primäre Aufgabe, Krankheiten zu heilen. Darüber hinaus sollte sie Verbesserungen des menschlichen Wohls auf solche beschränken, die nur durch medizinische Mittel zu erreichen sind.

2 Leben machen

Kinder zu bekommen erschien lange als einer der natürlichsten Vorgänge. Doch schon das Wachsen eines Kindes im Mutterleib ist heutzutage verbunden mit »Qualitätskontrollen«, die kaum noch den Eindruck von Ursprünglichkeit vermitteln. Zudem lassen sie den Verdacht aufkommen, durch sie werde einer inakzeptablen Bewertung menschlichen Lebens Vorschub geleistet. Anhand der Ergebnisse könne entschieden werden, wer leben und wer sterben soll. Doch damit nicht genug: Die moderne Reproduktionsmedizin ermöglicht, Menschen auf künstlichem Wege zu erzeugen. Dadurch verstärken sich die Selektionsmöglichkeiten noch weiter. Im Zusammenhang mit Fortschritten der Gentechnologie entsteht darüber hinaus eine völlig neue (Horror-)Vision: der künstliche Mensch, ein Mensch, der nicht bloß künstlich erzeugt, sondern dessen Eigenschaften nach individuellen Wünschen festgelegt wurden. Die Entzauberung der menschlichen Sexualität scheint uns auf einen Weg gebracht zu haben, der immer neue ethische Grenzüberschreitungen mit sich bringt.

Im August 2000 konnten sich Lisa und Jack Nash über Nachwuchs freuen. Ihr zweites Kind, Adam, war ein echtes Wunschkind. Allerdings nicht ganz dem üblichen Verständnis nach. Denn Adam wurde für einen bestimmten Zweck gezeugt. Molly, die Tochter der Nashs, litt an Fanconi-Anämie, einer lebensbedrohlichen genetischen Krankheit, die mit Störungen der Knochenmarksproduktion einhergeht. Um zu überleben, brauchte Molly eine Knochenmarkstransplantation. Damit diese gelingen würde, benötigten die Ärzte einen passenden Spender, bei dem die drohenden Abstoßungsreaktionen möglichst gering sein würden. Bei Verwandten, insbesondere Geschwistern, ist die Wahrscheinlichkeit hierfür relativ groß. Da die Eltern selbst als Spender nicht in Frage kamen, lag es nahe, ein Geschwisterchen zu zeugen, das die gewünschte Spende erbringen konnte.

Der potenzielle Spender musste aber nicht nur für eine Transplantation in Frage kommen, sondern selbstverständlich auch gesund sein. Da die Gefahr bestand, dass ein weiteres Kind der Nashs ebenfalls die genetische Anlage zur Fanconi-Anämie besäße, vertrauten die Nashs nicht auf den natürlichen Weg, Nachwuchs zu zeugen. Adam wurde aus einer Vielzahl von Embryonen ausgesucht, 15 insgesamt, die alle durch künstliche Befruchtung, eine so genannte In-vitro-Fertilisation (IVF), aus Ei- und Samenzellen der Nashs erzeugt wurden. Im Anschluss wurden die Embryonen mit Hilfe der Präimplantationsdiagnostik (PID) untersucht, einem Verfahren, dass in Deutschland und anderen Ländern derzeit verboten ist, nicht aber in den USA, wo sich dieser Fall zutrug. Nur zwei Embryonen erwiesen sich als geeignet, und einer, Adam, wurde schließlich ausgewählt und seiner Mutter eingepflanzt. Gleich nach der Geburt entnahmen die Ärzte Nabelschnurblut und gewannen daraus Stammzellen, die Molly transplantiert wurden.

Der Fall machte – wie zu erwarten war – Schlagzeilen. Hier schien eine moralische Grenze überschritten worden zu sein, die in den Augen vieler Menschen prinzipielle Handlungseinschränkungen vorschreibt. Man dürfe, so wurde argumentiert, Menschen niemals bloß als Mittel für einen bestimmten Zweck behandeln. Und war Adam nicht ausschließlich in die Welt gesetzt worden, um seine Schwester zu retten? Wurde hier nicht ein Mensch instrumentalisiert, gar zu einer Art von Ware gemacht? So formuliert, verstieß die Handlung gegen den kategorischen Imperativ Kants, der – in einer seiner Formulierungen – lautet: »Handle so, dass du die Menschheit, sowohl in deiner Person, als in der Person eines anderen, jederzeit zugleich als Zweck, niemals bloß als Mittel brauchest.«

Genau betrachtet ergeben sich aus dem Fall Nash noch weitere ethische Probleme: So ist grundsätzlich zu fragen, ob Embryonen künstlich erzeugt werden dürfen, gerade wenn dabei gegebenenfalls überzählige getötet oder auf Dauer eingefroren werden. Wird nicht damit das Lebensrecht von Menschen im Frühstadium ihrer Entwicklung in Frage gestellt? Und verstößt nicht die künstliche Erschaffung von Leben gegen tief sitzende Wertüberzeugungen? Diese Probleme betreffen die künstliche Befruchtung ganz allgemein, und nicht erst in Verbindung mit Diagnoseverfahren wie der PID. Bei der IVF werden meistens mehr Embryonen erzeugt als letztlich transferiert werden (in Deutschland ist das verboten), um Reserven vorrätig zu haben, falls eine künstlich eingeleitete Schwangerschaft nicht zum Abschluss kommt. In der Debatte um die Forschung an embryonalen Stammzellen sind diese überzähligen Embryonen in den Blickpunkt gerückt, da aus ihnen das begehrte Material gewonnen werden könnte, ohne dass Embryonen ausschließlich zum Zwecke der Stammzellgewinnung erzeugt werden müssen.

Eine weitere moralische Problematik entsteht, wenn die IVF mit diagnostischen Verfahren gekoppelt wird. Embryonen zu zeugen, um sie im Anschluss einer genetischen Untersuchung zu unterziehen, bedeutet, menschliches Leben »auf Probe« zu erzeugen und nach bestimmten Merkmalen auszuwählen. Diese

Selektion interpretieren viele als Verstoß gegen fundamentale ethische Normen. Es handele sich um eine Diskriminierung, wenn nicht sogar um eine Bewertung des Lebens der verworfenen Embryonen als nicht lebenswert. Beides, so kann wohl ohne Zweifel festgehalten werden, verstieße in schwerwiegender Weise sowohl gegen moralische als auch rechtliche Prinzipien. Es ist deshalb kein Wunder, dass die PID besonders umstritten und wie gesagt in einigen Ländern verboten ist.

Die moderne Biotechnologie hat den Menschen in die Lage versetzt, sein Schicksal in viel stärkerem Maße selbst zu bestimmen, als das noch vor ein paar Jahrzehnten möglich war. Heute können wir nicht bloß viele Krankheiten heilen, sondern auch unser Aussehen beeinflussen, ja sogar das biologische Geschlecht verändern. Allerdings erscheinen diese Entwicklungen im Vergleich zur modernen Fortpflanzungsmedizin und der medizinischen Genetik wie harmlose Verbesserungen schon immer vorhandener technischer Eingriffsmöglichkeiten.

Ein qualitativer Sprung ergab sich erst mit der Befähigung des Menschen, Leben zu *machen*. Damit ist nicht die schon immer vorhandene Fähigkeit des Menschen gemeint, sich zu reproduzieren. Die biologische Fähigkeit zur Zeugung besitzt der gesunde Mensch auch ohne technische Hilfsmittel. Aber mit den Entwicklungen der modernen Reproduktionsmedizin entstand die menschliche Befähigung, Individuen auf künstlichem Wege zu erschaffen. Die Gentechnik ermöglicht darüber hinaus, dass bestimmte Eigenschaften des Menschen, die vorher dem Zufall überlassen waren, ebenfalls in den Einflussbereich menschlichen Handelns gelangen. Heutzutage kann nicht nur *irgendein* menschliches Wesen produziert werden, sondern – innerhalb von Grenzen, die im Laufe der Zeit immer weiter ausgedehnt werden – ein *bestimmtes*. Die Biowissenschaften verbessern nahezu täglich die Möglichkeit, festzulegen oder wenigstens zu erkennen, was für einen Menschen man erschafft.

Die Reproduktionsmedizin entwickelt sich so schnell wie kaum ein anderer Bereich der modernen Medizin. Erst 1978 wurde das erste durch künstliche Befruchtung gezeugte Baby, Louise Brown, in Großbritannien geboren. Heute ist die IVF Routine und neue, kaum für möglich gehaltene weitere Techniken wie die intrazytoplasmatische Spermieninjektion (ICSI), bei der eine einzelne Samenzelle in ein Ei transferiert wird, wurden gebräuchlich. Das mittlerweile in die Nähe des Machbaren gerückte Klonen von Menschen ist der augenblickliche Kulminationspunkt dieser Entwicklung, an dem sich die ethischen Bedenken auch am stärksten äußern.

Fortschritte der Reproduktionsmedizin bringen es mit sich, dass plötzlich moralische Probleme entstehen, die es vorher in diesem Bereich gar nicht gab. Erst indem der Mensch sich Bereiche der menschlichen Existenz verfügbar gemacht hat, die vorher seinem Zugriff entzogen waren, kam es zur Notwendigkeit ihrer moralischen Bewertung. Wären seine Einflussmöglichkeiten nicht vorhanden, würden sich ethische Fragen gar nicht erst stellen. Denn dort, wo Handlungsalternativen bestehen, stellt sich die Frage nach der Moral, nach dem moralischen Sollen.

2.1 Der künstliche Mensch

Trotz der unbestreitbaren Segnungen der modernen Reproduktionsmedizin aus der Sicht unfruchtbarer Paare sehen einige der Kritiker angesichts der »Auswüchse« möglicherweise bereits im ersten Schritt, der ersten künstlichen Befruchtung nämlich, den Anfang des Verderbens. War nicht schon mit der Entzauberung des Wunders der Fortpflanzung moralisch gesehen alles verloren? Sollte der Mensch nicht ein natürliches Wesen bleiben, statt zum künstlich geschaffenen Mensch zu werden?

Dem Begriff der Natürlichkeit kommt in bioethischen Debatten, nicht nur in Fragen der Reproduktion, eine prominente Rolle zu. Vielfach äußert sich Kritik mit Hilfe der Aussage, eine bestimmte Praxis sei wider die Natur. Und auch umgekehrt werden Verfahren wie beispielsweise das Klonen manchmal verteidigt, indem darauf hingewiesen wird, sie kämen auch in der Natur vor. Aber ist Natürlichkeit überhaupt ein ethisches Kriterium zur Bewertung einer Praxis? Kann die Natur handlungsleitend sein; sollen wir uns nach ihr richten?

Auch bei der Geburt des ersten »Retortenbabys« war das Entsetzen groß, und Stimmen wurden laut, man solle nicht »Gott spielen« oder »der Natur ins Handwerk pfuschen«. Vielen gilt als moralisch verwerflich, sich Bereiche der menschlichen Natur, die dem Menschen eigentlich unverfügbar sind, so anzueignen, dass deren Manipulation möglich wird. Die Quellen, aus denen sich eine solche Überzeugung speisen kann, variieren allerdings. So kann man der Natur als solcher eine Würde zuschreiben, sie gewissermaßen als moralisches Subjekt betrachten. Dieser Status verbietet es dem Menschen, sie zu unterwerfen. Man kann in ähnlicher Weise die Natur als von Gott erschaffenes Werk ansehen, das für die Zurichtung auf menschliche Zwecke tabu ist.

Beide Begründungsstrategien halten aber einer rationalen Prüfung nicht stand, da sie auf metaphysische und damit vernünftig nicht auszuweisende Prämissen angewiesen sind. In einer pluralistischen Welt ist berechtigterweise nicht jeder von der Würde der Natur oder der Richtigkeit der Behauptung überzeugt, dass sie von Gott geschaffen wurde, geschweige denn, dass sie deshalb für den Menschen tabu wäre. Heißt es nicht auch zumindest in der christlichen Überlieferung: »Macht Euch die Erde untertan?« Wie auch immer die Strategie aussehen mag, natürlichen Vorgängen als solchen eine besondere Schutzwürdigkeit oder Orientierungsfunktion zuzusprechen, sie scheint zumindest nicht allgemeine Geltung beanspruchen zu können.

Die eben vorgebrachte Argumentation kann sich auf Schützenhilfe aus der Moralphilosophie berufen, wo von einem »naturalistischen Fehlschluss« gesprochen wird. Häufiger wird auch – was nicht ganz genau dasselbe meint – von einem Prinzip gesprochen, wonach **aus einem Sein kein Sollen** folgt. Gemeint ist der Gedanke, dass wir, wenn wir nach ethischen Bewertungen suchen (nach einem Sollen), diese nicht ohne weiteres aus dem bloß Faktischen (dem Sein) ableiten können. Die Natur, so wird argumentiert, ist ein Bereich des bloß Faktischen. Dinge geschehen oder sie geschehen nicht. Organismen werden und vergehen. In alledem liegt kein höheres geschweige denn beabsichtigtes Ziel. Die Evolutionsbiologie lehrt uns, dass die ganze wunderbare Welt der scheinbar perfekten Problemlösungen, die uns verleitet, hinter all dem einen großen »Designer« zu wähnen, bloß durch blinde Prozesse der Variation und Selektion abläuft. Kurz, die Natur verfolgt keine Zwecke. Das Sollen kommt erst durch den Menschen in die Welt.

Nicht nur biologische, auch anthropologische Überlegungen widersprechen der einfachen Orientierung menschlichen Handelns an der Natur. Denn der Mensch ist das Wesen, für das es natürlich ist, künstlich zu sein. Indem der Mensch von seiner Freiheit Gebrauch macht, entfernt er sich schon von den Naturnotwendigkeiten. In welcher Weise er seine Freiheit ausüben soll, welche die richtigen Ziele des menschlichen Handelns sind, das ist eine Frage der Ethik. Sie wird nicht von der Natur beantwortet, sondern nur vom Menschen selbst.

Daraus folgt selbstverständlich keineswegs, dass nicht andere Argumente, die Eingriffe in die Natur begrenzen sollen, mehr Durchschlagskraft besitzen. Zum einen erwächst gerade aus einer nüchternen wissenschaftlichen Perspektive die Erkenntnis, dass die Evolution ohne das Zutun des Menschen meist sehr viel bessere und haltbarere Ergebnisse hervorbringt. Die Natur, so scheint es, »weiß es besser«. Zum anderen sind die langfristigen Folgen von menschlichen Eingriffen in natürliche Prozesse kaum abzuschätzen. Louise Brown hat sich, nach allem, was man heute weiß, zu einer gesunden Frau entwickelt. Hingegen kam es bei ersten Versuchen der noch vor kurzem gefeierten somatischen Gentherapie zu massiven Nebenwirkungen, die zumindest in einem bekannt gewordenen Fall in den USA zum Tod des Patienten führten.

Ganz von der Hand zu weisen sind Argumente gegen Eingriffe in die menschliche Natur demnach nicht. Doch in der oben dargelegten Form richten sie sich auf Risiken, die nicht eingegangen werden sollten, also nicht gegen Eingriffe in die Natur als solche. Und dieser Standpunkt ist weitaus überzeugender. Denn schließlich handeln wir mit dem Einsatz medizinischer Mittel generell gegen die Natur. Der Kampf gegen Krankheiten ist selbst ein Inbegriff des Künstlichen.

Kommt aber nicht eine neue Qualität ins Spiel, wenn der Mensch *sich selbst künstlich erzeugt*? Hierbei wird er doch zum Artefakt, zum Produkt anderer Menschen. Die Künstlichkeit der sonstigen medizinischen Praxis richtet sich lediglich auf die Manipulation einzelner Merkmale des Menschen, niemals des gesamten Organismus. Als Argument gegen die künstliche Erzeugung von Menschen kann nicht die Künstlichkeit des Zeugungsvorgangs angeführt werden. Aber besteht nicht ein Unterschied zwischen der künstlichen Erzeugung eines Menschen und der Erzeugung eines »künstlichen Menschen«, eines Menschen also, dessen Eigenschaften gezielter Planung unterliegen? In der Zusammenarbeit der modernen Reproduktions- mit der Gentechnologie entstehen Optionen, die von einigen bereits als Eintritt in das »posthumane Zeitalter« gedeutet werden.

An dieser Stelle sei noch einmal auf eines der wesentlichen bioethischen Prinzipien verwiesen, nämlich das der Achtung von Autonomie. In der Reproduktionsmedizin spielt es ebenfalls eine große Rolle. Einige Bioethiker sprechen ausdrücklich von **reproduktiver Autonomie**. Für sie folgt aus deren hohem Wert ein sehr starker Vorbehalt gegen Verbote künstlicher Zeugungsvorgänge. Das gilt dann aber nicht nur für allgemein akzeptierte Kandidaten einer künstlichen Zeugung, sondern für jeden. Schließlich schützt das Prinzip die individuelle Autonomie eines jeden Individuums. Und daher braucht man ihrer Meinung nach sehr starke Gründe, einer Frau nach der Menopause oder einem homosexuellen Paar die Möglichkeiten der modernen Reproduktionsmedizin vorzuenthalten. In Deutschland sind übrigens derzeit nur verheiratete Paare und Paare in »stabiler Partnerschaft« zur assistierten Reproduktion zugelassen. Nur in Ausnahmefällen erlaubt ist die heterologe Insemination, also die Übertragung von Spendersamen. Gleichgeschlechtliche Paare und allein stehende Frauen sind ausdrücklich ausgeschlossen.

2.2 Der selektierte Mensch: Vorgeburtliche Diagnostik

Adam Nash hätte niemals das Licht der Welt erblickt, hätte er nicht die gewünschten Eigenschaften besessen. Er wurde in der Petrischale mit einigen anderen »Geschwistern« gezeugt, untersucht und letztlich ausgewählt. Abgesehen von dem ethischen Problem, ob es moralisch erlaubt ist, Embryonen zu töten, oder auch – wie manchmal üblich – Mehrlingsschwangerschaften, die bei künstlicher Befruchtung häufig auftreten, durch gezielten Fetozid zu verringern, soll es nun um die Frage gehen, wie Selektionen am Lebensbeginn zu bewerten sind. Zur Frage der ethischen Bewertung des Tötens kommen wir im nächsten Kapitel. Die IVF geht aber auch gar nicht notwendigerweise damit einher, denn die nicht auserwählten, aber »überflüssigen« Embryonen könnten eingefroren am Leben gehalten werden. Wie diese so genannte Kryokonservierung ethisch zu beurteilen ist, sei ebenfalls ausgeklammert.

Die **pränatale Diagnostik** macht es möglich, Schädigungen und andere Merkmale eines Kindes im Mutterleib festzustellen. Die Amniozentese beispielsweise ist eine standardmäßig eingesetzte Technik, um eine Chromosomenanomalie wie die Trisomie 21, die dem Down-Syndrom zugrunde liegt, festzustellen. Da die meisten Schädigungen derzeit nicht therapierbar sind, besteht, zynisch gesagt, die Beseitigung der Krankheit in der Tötung des Fetus. Der im Mutterleib befindliche Mensch ist demnach bloß ein Mensch auf Probe. Die Eltern entscheiden über sein Weiterleben.

Natürlich gilt dies für jede Schwangerschaft, da üblicherweise zumindest bis zu einem bestimmten Zeitpunkt die Erlaubnis zum Schwangerschaftsabbruch besteht. Die besondere ethische Problematik der pränatalen Diagnostik ergibt sich erst aus der Tatsache, dass durch sie bestimmte Merkmale eines Fetus festgestellt werden, *anhand derer* eine Entscheidung über Leben und Tod gefällt wird. Diese Merkmale, insbesondere natürlich Schädigungen, werden nun zum entscheidenden Kriterium einer Abtreibungsentscheidung. Suggeriert wird damit scheinbar, dass ein Leben mit Behinderung nicht wert ist, gelebt zu werden. »Qualitätskontrollen« der genannten Art scheinen demnach moralisch verwerflich zu sein, weil sie Menschen mit Behinderungen diskriminieren.

Dem ist entgegenzuhalten, dass die pränatale Diagnose ein Teil der üblichen medizinischen Aufklärung und als solche keineswegs verwerflich ist. Schließlich kann sie der Schwangeren möglicherweise vorhandene Ängste nehmen und dient der adäquaten Geburtsplanung. Dass die gewonnenen Informationen häufig als Ausgangspunkt einer Abtreibungsentscheidung genutzt werden, kann natürlich niemand bestreiten. Problematisch erscheint dabei insbesondere, dass viele fetale Schädigungen erst in späteren Phasen der Schwangerschaft festzustellen sind und damit Spätabtreibungen wahrscheinlicher werden. Hinzu kommen die häufig falschen Vorstellungen bezüglich der

Aussagekraft einer pränatalen Diagnose für die Lebensaussichten eines Kindes. Beispielsweise werden Wahrscheinlichkeitsaussagen über das Krankheitsrisiko oft nicht richtig eingeschätzt.

Aber die Entscheidung zum Schwangerschaftsabbruch fällt – wenn Abtreibungen überhaupt erlaubt sein sollen, wovon ich hier ausgehen will – in den Bereich der individuellen medizinischen Selbstbestimmung. Ob potenzielle Eltern eine Schwangerschaft abbrechen, weil sie sich nicht zutrauen, ein behindertes Kind aufzuziehen, oder ob sie ein gesundes Kind abtreiben, weil sie es aus welchen Gründen auch immer nicht wollen, ist ihnen überlassen. Der Schutz der reproduktiven Autonomie erfordert – wenigstens bis zu einem bestimmten Zeitpunkt der fetalen Entwicklung –, nicht zur Fortsetzung einer ungewollten Schwangerschaft gezwungen zu werden. Drastisch ausgedrückt: Eine Schwangere hat – wenn sie das Recht zum Abbruch hat – auch das Recht, ein behindertes Kind nicht zu wollen.

Man mag die Entscheidung gegen ein Kind generell oder auch die gegen ein behindertes Kind im Besonderen verurteilen, aber die diagnostischen Maßnahmen stellen dabei an sich nicht das moralische Problem dar. Nicht die Diagnose kann diskriminierend sein, sondern nur das Denken oder die Entscheidung der handelnden Personen. Allerdings wird man sich in der Realität auch mit diesem Vorwurf schwer tun, denn wer will schon die Redlichkeit des Wunsches nach einem gesunden Kind in Abrede stellen?

Paare, die ein behindertes Kind nicht wollen, oder auch Ärzte, die einen Abbruch empfehlen, könnten der Meinung sein, dass ein Leben mit Behinderung nicht lebenswert ist. Ein solches Urteil wäre in der unterstellten Pauschalität sicherlich falsch und insofern träfe die oben genannte Kritik zu. Aber diskriminierend ist eben in diesem Fall nicht die eingesetzte Technik, sondern das Denken der Beteiligten. Aufklärung über das

Leben und die Fähigkeiten von behinderten Menschen scheint hier der richtige Weg, statt Verbot einer Technik, die durchaus ihr Gutes hat.

Allerdings muss wie gesagt zugestanden werden, dass die Pränataldiagnose zum Werkzeug diskriminierender Praktiken werden kann. Besonders deutlich wird der moralisch problematische Aspekt anhand der Spätabtreibungen, die in Deutschland unter bestimmten Bedingungen straffrei bleiben. Denn in der Praxis wird nun speziell in der Schädigung des Fetus ein rechtfertigender Abtreibungsgrund gesehen.

Zwar betont die Formulierung des § 218 die Perspektive der Schwangeren, es wird also kein Urteil gesprochen über die Lebensqualität oder den Wert des Lebens mit einer Behinderung, aber in der medizinischen Praxis erscheint ein Leben mit Behinderung als besondere Bürde, welche die Eltern zu tragen hätten. Es wird also in diskriminierender Weise unterschieden zwischen einem Menschen mit Behinderung und einem gesunden Menschen. Der gesunde Fetus genießt einen höheren Lebensschutz als der geschädigte. Allerdings kann hierbei erneut nicht von einer Diskriminierung durch die Pränataldiagnose als solcher gesprochen werden.

Die wirklich einschlägige Kritik an der pränatalen Diagnostik richtet sich gegen deren langfristige Folgen, erscheint also in der Form eines Arguments der schiefen Ebene (*slippery slope*). Indem nach Schädigungen und Krankheitsanlagen gesucht werde, entstehe ein behindertenfeindliches gesellschaftliches Klima. Eine Art Eugenik gehe damit einher, nämlich die Aussortierung des angeblich weniger wertvollen Lebens. Mögen die Entscheidungen zum Schwangerschaftsabbruch individuell noch gerechtfertigt erscheinen, ergebe sich im gesellschaftlichen Zusammenhang ein anderes Bild.

Diese Kritik ist mit dem generellen Problem eines Arguments der schiefen Ebene beladen, nämlich darlegen zu müssen, dass die schlechten Folgen wirklich unvermeidlich einer bestimmten

Praxis anhängen und dass sie gravierender als die Vorteile sind. Kaum zu bestreiten ist wie gesagt, dass erst die Pränataldiagnostik Urteile der Art ermöglicht hat, Behinderungen »müsse es doch heute nicht mehr geben«. Zwar kann ein wahrscheinlich befürchteter *Zwang* zur pränatalen Diagnose noch relativ leicht mit Hilfe des Autonomie-Prinzips zurückgewiesen werden. Aber die Möglichkeit eines subtil wirkenden gesellschaftlichen Drucks ist nicht zu leugnen. Dennoch, letztlich liegt das Problem weniger bei der eingesetzten Technik als bei den handelnden Personen. Behindertenfeindliche Einstellungen und Vorurteile bekämpft man nicht sinnvoll durch Verbote medizinischer Techniken.

Eine andere Situation scheint sich bei der **Präimplantations-diagnostik** (PID) zu ergeben. Sie ist nur bei der künstlichen Befruchtung möglich. Dabei wird dem Embryo, sobald er sich in einem mehrzelligen Stadium befindet, eine Zelle entnommen, die dann untersucht wird. Der Status der entnommenen Zelle spielt ebenfalls eine gewisse Rolle, weil sie möglicherweise totipotent sein könnte, sich also zu einem weiteren – genetisch identischen – Embryo entwickeln könnte. Die PID würde dann gegen das deutsche Embryonenschutzgesetz verstoßen. Neuere Erkenntnisse deuten allerdings darauf hin, dass zumindest in späteren Entwicklungsphasen, nämlich nach dem Achtzellstadium, keine Totipotenz mehr vorliegt. Ethische Probleme ergeben sich aber auch unabhängig davon.

Die »Qualitätskontrolle« findet nicht im Mutterleib statt, sondern im Reagenzglas; eben vor der Implantierung. Somit liegt kein Konflikt zwischen der Schwangeren und einem werdenden Kind vor. Auf die diagnostische Untersuchung folgt nicht eine einfache Stellungnahme der Schwangeren beziehungsweise der potenziellen Eltern für oder gegen die Fortführung einer Schwangerschaft, sondern eine vergleichende Entscheidung zugunsten eines bestimmten Embryos. Es wird demnach im Wortsinne selektiert. Die PID als zeitlich vorverlagerte

Pränataldiagnostik anzusehen, zeichnet daher ein zu simples Bild. Geht aber mit diesem Unterschied zwischen PID und Pränataldiagnose ein moralischer Unterschied einher?

So wie die PID derzeit eingesetzt wird, etwa im eingangs geschilderten Fall der Nashs, beschränkt sich ihr Einsatz auf Paare, die Träger krankheitsrelevanter Gene sind oder die genetische Anlage zu einer Krankheit haben. In solchen Fällen könnten beim natürlich gezeugten Nachwuchs schwerwiegende Folgen eintreten. Zum Teil hat ein betroffenes Paar bereits ein Kind, das an einer genetisch bedingten Krankheit leidet. Oftmals erfahren sie sogar erst durch die Krankheit des Kindes von ihrer eigenen genetischen Ausstattung. Denn rezessiv vererbte genetische Krankheiten wie Mukoviszidose zeitigen schwerwiegende Folgen nur dann, wenn sie homozygot – auf beiden Sätzen eines Chromosomenpaares – vorliegen. Es ist also durchaus möglich, dass die Eltern jeweils Träger eines die Krankheit verursachenden Gens und dennoch beschwerdefrei sind. Erst bei ihrem Kind könnte die Krankheit ausbrechen, aufgrund der Möglichkeit, von beiden eine Kopie des entsprechenden Gens zu erben.

Die Befürworter der PID machen geltend, dass den Eltern die Angst vor einem – möglicherweise weiteren – schwerkranken Kind erspart bliebe. Zudem sind die betroffenen Personen meistens durchaus zeugungsfähig, sodass sie auf natürlichem Wege zu Kindern kommen könnten. Da ihnen dann im Falle des tatsächlich vorliegenden Gendefekts eine Abtreibung gestattet wäre, könnte im Gegensatz dazu durch die PID eine Situation geschaffen werden, in der die Eltern sicher sein könnten, dass eine Abtreibung unnötig wäre. Sowohl den Eltern als auch den potenziellen Kindern gegenüber sei das eine weitaus humanere Lösung. Aus dieser Perspektive wirkt der manchmal vorgebrachte Slogan der PID-Kritiker, es gebe »kein positives Recht auf eigene Kinder« oder »kein Menschenrecht auf ein gesundes Kind« einigermaßen zynisch. Schließlich geht es um den Ausschluss sehr wahrscheinlicher und schwerwiegender Krankheiten, nicht um eine Garantie genereller Gesundheit des Kindes.

Diesen unbestrittenen Vorteilen stellen die Kritiker der PID entgegen, dass in diskriminierender Weise Embryonen aufgrund ihrer Merkmale ausgesucht würden und zudem der Einstieg in eine wirkliche Eugenik ermöglicht werde. Denn mit Hilfe der genetischen Untersuchung könnten nicht bloß Schädigungen erkannt werden, sondern auch gewünschte Eigenschaften. Demnach seien sowohl die Technik selbst als auch deren Folgen moralisch inakzeptabel. Ein weiterer Einwand soll hier nur angedeutet werden, denn er bezieht sich erneut auf den moralischen Status frühen menschlichen Lebens, zu dem wir ausführlich erst im nächsten Kapitel kommen werden. Die bei der PID »aussortierten« Embryonen werden üblicherweise vernichtet. Der Sinn der PID besteht ja gerade darin, Embryonen zu identifizieren, die nicht zum Leben gebracht werden sollen. Sollten diese Embryonen bereits das gleiche Lebensrecht besitzen wie jede menschliche Person, wäre die PID per se moralisch verwerflich.

Zum Vorwurf des Einstiegs in die Eugenik – erneut ein *slippery-slope*-Argument – ist zu sagen, dass die Nutznießer der PID eingeschränkt werden könnten auf die genannte kleine Gruppe der Personen, die eine schwerwiegende Krankheitsanlage tragen. Ihnen diese Technik zu versagen, weil sie auch für eugenische Zwecke ausgenutzt werden könnte, erscheint übertrieben. Man begegnet dem möglichen Missbrauch einer Technik nicht durch ein vollständiges Verbot. Damit ist selbstverständlich nicht bestritten, dass die Kontrolle strikt sein muss. Und es müssen natürlich auch Auseinandersetzungen darüber stattfinden, welche Kriterien jemand erfüllen muss, um zur PID zugelassen zu werden. Was soll beispielsweise als schwerwiegende Krankheit gelten? Für ethische Auseinandersetzungen ist auch jenseits prinzipieller Ablehnung genügend Bedarf.

Schwieriger ist die Bewertung der Kritik, wonach ein diskriminierender Vergleich von Embryonen aufgrund bestimmter Merkmale stattfindet, der über Leben oder Tod entscheidet. Erneut klingt dabei der Vorwurf an, es würde zwischen lebenswertem und nicht lebenswertem Leben unterschieden, wobei erschwerend die fehlende »Einheit in Zweiheit« einer Schwangerschaft hinzukomme. Bei der PID liegt die Notwendigkeit, sich für Leben oder Tod des Kindes zu entscheiden, gar nicht vor; vielmehr wird die Wahlsituation künstlich erzeugt.

Allerdings ist bezüglich der Auswahl zwischen geschädigten und gesunden Embryonen erneut auf das Interesse der Eltern an einem gesunden Kind zu verweisen, das keineswegs als moralisch verwerflich gelten kann. Falls dem Embryo derselbe moralische Schutz wie einem Erwachsenen zukäme, würden hier weiterhin starke Bedenken bestehen. Aber im Augenblick ist vorausgesetzt, dass potenzielle Eltern ein Verfügungsrecht über ihre Leibesfrucht besitzen. Um das erneut drastisch auszudrücken: Keiner der Embryonen, ob gesund oder krank, hat einen *Anspruch* darauf, zur Welt gebracht zu werden. Dass die Eltern sich für einen bestimmten entscheiden, bedeutet keine Diskriminierung der anderen.

Aber ist die Selektion auch anhand nicht-medizinischer Kriterien zulässig? Manche Eltern hegen vielleicht nicht nur ein Interesse an einem gesunden Kind, sondern wünschen sich beispielsweise ein Mädchen mit schwarzen Locken und wählen den Embryo entsprechend aus. Mögen einige diese Entscheidung vielleicht sogar noch akzeptieren, bricht das Verständnis spätestens bei der Auswahl von als nachteilig geltenden Eigenschaften weg. Wenn etwa Gehörlose gerade jenen Embryo auswählen, der ebenfalls gehörlos sein wird, ist das moralisch verwerflich? Wenn ja, warum? Gehört es nicht vielmehr zur reproduktiven Autonomie, sich selbst entscheiden zu dürfen, welche Eigenschaften das eigene Kind haben soll?

Eine denkbare Kritik an einer solchen Praxis, die »Designerkinder« gestattet, wird uns gleich im Anschluss begegnen. Ein

Kind ausschließlich nach den Wünschen der Eltern ins Leben zu rufen, scheint gleichbedeutend mit einer Instrumentalisierung menschlichen Lebens. Aber schon jetzt könnte entgegnet werden, dass – wenn auch der Achtung der individuellen Entscheidungsfreiheit ein hoher Wert zukommt – die Medizin nicht auf den Zweck reduziert werden sollte, persönliche Vorlieben durchzusetzen. Vielmehr sollte sich auch die Reproduktionsmedizin auf die Behandlung von Krankheiten und die damit einhergehenden Maßnahmen beschränken. Sie sollte nicht zum unkritischen Erfüllungshelfer individueller Wünsche verkommen.

Um diese Ansicht – die zweifelsohne nicht jeder teilt – zu rechtfertigen, müsste freilich der Rahmen der bisherigen Diskussion zu ethischen Problemen der Reproduktionsmedizin und PID gesprengt werden. Gesellschaftliche Werte und Einstellungen bezüglich Familienplanung, Elternschaft, des Umgangs mit Behinderung und der Technisierung der Reproduktion kommen hier ebenfalls zum Tragen. Letztlich muss eine Debatte geführt werden über die Frage, was in einer liberalen Gesellschaft ermöglicht werden soll.

2.3 Der instrumentalisierte Mensch: Designerkinder, Klonen, Stammzellforschung

Immanuel Kant, der zumindest in Deutschland nach wie vor beinahe den Status eines moralischen Orakels besitzt, hat den kategorischen Imperativ formuliert, wonach man andere vernünftige Wesen »niemals bloß als Mittel, sondern jederzeit sogleich als Zweck an sich selbst behandeln solle«. Für manche ist damit bereits alles klar. Der eingangs erwähnte Adam Nash wurde zum Mittel für den Zweck degradiert, seiner Schwester als Gewebespender zu dienen, kurz, er wurde instrumentalisiert. Dies wäre ein klarer Angriff auf die menschliche Würde; so gesehen eine moralische Bankrotterklärung der Eltern und der behandelnden Ärzte.

Doch so einfach ist der Fall nicht. In Kants Formel ist davon die Rede, andere niemals *bloß* als Mittel zu behandeln. Adam Nash ins Leben zu rufen diente auch dem Zweck, das Leben seiner Schwester zu retten. Aber wurde er nicht ebenso als Zweck an sich selbst angesehen? Wird er nicht ebenso um seiner selbst willen von seinen Eltern geliebt wie schon seine Schwester?

Die Angst vor der Instrumentalisierung menschlichen Lebens mag in Bezug auf dieses Beispiel noch relativ einfach besänftigt werden. In vielen Anwendungsbereichen der modernen Reproduktionsmedizin ist das aber nicht mehr ohne weiteres möglich, nämlich bei der Erschaffung von »Designerkindern«, beim Klonen, der Stammzellforschung und der Leihmutterschaft. Die letztgenannte Praxis spielt allerdings in Deutschland aufgrund der rechtlichen Situation keine Rolle und wird daher nicht eigens diskutiert.

Im Zusammenhang der Debatte um die PID ist der Ausdruck »**Designerkind**« geprägt worden. Erst die Selektionsmöglichkeiten *in vitro* ermöglichen, ein Kind ganz nach persönlichen Vorlieben der Eltern auszuwählen. Allerdings müssen allzu große Hoffnungen potenzieller Interessenten zum jetzigen Zeitpunkt noch enttäuscht werden. Zum einen sind – vorausgesetzt, man möchte ein genetisch eigenes Kind – die Auswahlmöglichkeiten eingeschränkt auf die Kombinationen des elterlichen Erbguts. Einfach ausgedrückt: Wenn zwei Blonden die entsprechende genetische Anlage fehlt, wird man ihnen kein schwarzhaariges Kind erschaffen können. Der Mensch ist nicht genetisch »programmierbar«. Solange aber die Vorstellung von einem »genetischen Supermarkt«, in dem man das passende Gen für Haarfarbe, Körpergröße und am Ende sogar Intelligenz, Musikalität usw. einkauft, nicht verwirklicht ist, kann von einem quasi auf dem Reißbrett *entworfenen* Kind eigentlich nicht gesprochen werden.

Ob eine solche Vorstellung jemals Wirklichkeit wird, kann derzeit nicht beurteilt werden. Sicherlich sollte man mit Prophezeiungen vorsichtig sein – vieles, was wir uns nicht einmal erträumt hatten, ist inzwischen Wirklichkeit geworden –, aber der derzeitige biologische Wissensstand deutet nicht auf baldige Verwirklichung hin. Trotz all des Rummels um die Entzifferung des menschlichen Genoms ist noch nicht einmal bekannt, wo genau eine Gensequenz beginnt und endet, geschweige denn, welche Funktionen dazu jeweils gehören. Das Gerede vom »Gen-für-X« stellt zumindest bei komplexen Merkmalen eher Wortgeklingel für die Medien als gesicherte Erkenntnisse dar.

Zum zweiten kann mit der PID nur der Genotyp untersucht und entsprechend ausgewählt werden. Welches Individuum aus dem ausgewählten Embryo wird, wie der Phänotyp aussehen wird, ist daraus nicht vorhersehbar. Es sei außerdem daran erinnert, dass die meisten Behinderungen nicht genetisch bedingt sind. Der Traum von der garantierten Gesundheit muss also ebenfalls aufgegeben werden. Und ein so komplexes Merkmal wie Musikalität ist selbstverständlich erst recht nicht in den Genen abzulesen. Wenn also einige Kritiker der modernen Reproduktionstechnologie mit der PID bereits die Möglichkeit von Designerkindern verwirklicht sehen, sitzen sie offenbar einem genetischen Reduktionismus auf, der ihre durchaus berechtigten Sorgen in ein schlechtes Licht setzt. Ethische Argumente sollten auf empirisch gesicherten Erkenntnissen und nicht längst widerlegten Modellen aufbauen.

Allerdings zeigt der Wunsch einiger potenzieller Eltern, ein Kind nach eigenen Wünschen modellieren zu lassen, eine mangelnde Achtung vor der Einzigartigkeit eines jeden menschlichen Lebens. Es ist durchaus legitim, das Beste für sein Kind zu wollen. Etwas ganz anderes ist es, das beste Kind zu wollen. Im

Wunsch nach einem Kind ganz nach den eigenen Wünschen spiegelt sich tatsächlich eine Instrumentalisierung menschlichen Lebens wider, denn dabei wird ein Kind zum bloßen Mittel für die Erfüllung eigener Zwecke degradiert.

Beim **Klonen** müssen zwei verschiedene Techniken unterschieden werden. Das therapeutische Klonen dient der Erzeugung von – mit dem Empfänger genetisch identischem – Ersatzgewebe, beim reproduktiven Klonen wird ein genetisch identischer Embryo erzeugt, um ihn ins Leben zu bringen.

Die Technik des Klonens wird bei einigen Nutztieren schon länger eingesetzt, bei Säugetieren gelang das Klonen eines erwachsenen Tieres zum ersten Mal mit dem Schaf »Dolly«, das im Jahre 1997 zur Welt kam. Genau genommen sind auch eineiige Zwillinge oder Mehrlinge Klone, denn sie sind ebenfalls genetisch identisch. Allerdings entstehen sie durch Embryonensplitting, wobei keine zeitlich versetzte Erschaffung eines genetisch identischen Individuums vorliegt. Beim Klonen durch Zelltransfer wird eine Eizelle entkernt und mit einem Zellkern des zu klonenden Individuums bestückt. Da jede Zelle eines Organismus im Zellkern den kompletten individuellen genetischen Code trägt, reicht theoretisch eine einzige Zelle (und eine entkernte Eizelle) zum Klonen aus. Das Besondere an »Dolly« war die Tatsache, dass bereits ausdifferenzierte Zellen – so genannte somatische Zellen, in diesem Fall aus der Milchdrüse – eines erwachsenen Tieres zum Klonen verwendet werden konnten. Dazu mussten sie in besonderer Weise in einen sozusagen embryonalen Zustand zurückversetzt werden. Das galt bis dahin bei Säugetieren als unmöglich. Doch trotz dieser Erfolge sind sowohl reproduktives als auch therapeutisches Klonen nach wie vor experimentelle Techniken. Auch wenn Meldungen in der Presse dies immer wieder suggerieren: Bisher ist kein menschlicher Klon mit der »Dolly-Methode« geschaffen worden. Aber das scheint nur eine Frage der Zeit.

Das **therapeutische Klonen** funktioniert im Wesentlichen

genauso wie das reproduktive, nur werden hier gezielt bestimmte Zellen erzeugt, indem aus der geklonten befruchteten Eizelle embryonale Stammzellen gewonnen werden, die sich wiederum in jegliche Zellformen ausdifferenzieren können. Das gewonnene Gewebe wird dem Individuum wieder zugeführt, um geschädigte oder nicht mehr vorhandene Zellen zu ersetzen. Das Ziel des therapeutischen Klonens ist die Herstellung von Ersatzgewebe oder ganzen Organen, die keinerlei Abstoßungsreaktion beim Empfänger hervorrufen, weil sie genetisch identisch sind.

Von einem ethischen Standpunkt aus ergibt sich aus dem Klonen erneut die Frage nach dem Status frühen menschlichen Lebens. Die Experimente mit Dolly verliefen natürlich nicht glatt, vielmehr wurden weitere 276 geklonte Schafsembryonen verworfen oder starben während der Entwicklung ab. Bei einigen ergaben sich schwere Missbildungen. Der massive Verbrauch von Embryonen und die hochriskante Technik sprechen gegen eine Anwendung am Menschen. Selbst wenn man dem Embryo nicht den gleichen moralischen Status wie einem erwachsenen Menschen zuschreiben will, erscheint die Technik bei einem solchen Ausmaß an Embryonenverbrauch moralisch fragwürdig. Hinzu kommt, dass eine große Zahl an Eizellen gewonnen werden müsste.

Doch nehmen wir an, die Technik ließe sich perfektionieren. Nehmen wir an, eine einzige Eizelle reiche aus und die Risiken einer Schädigung seien ebenfalls ausgeräumt. Bezüglich des therapeutischen Klonens blieben dann scheinbar keine unmittelbaren Bedenken übrig, denn dessen Zweck liegt in der Heilung eines kranken Menschen und damit im Bereich allgemein akzeptierter medizinischer Ziele. Allerdings könnte weiterhin ein Vorwurf vorgebracht werden, eben der der Instrumentalisierung menschlichen Lebens. Ein menschlicher Embryo ist kein Rohstoff, der zur freien Verfügung steht, könnte argumentiert werden. Selbst wenn man der Meinung anhängt, ein

69

menschlicher Embryo im Mehrzellstadium, eine Blastozyste, genieße keinen vollen moralischen Schutz, mag man sich gegen die Embryonen verbrauchende Technik wenden. Und immerhin wird beim therapeutischen Klonen ja mindestens ein Embryo erzeugt, der für den Heilungsversuch »geopfert« wird.

An dieser Stelle kommen grundlegende moralphilosophische Erwägungen ins Spiel, nämlich die Frage, ob die Heilungschance mit dem Verbrauch menschlichen Lebens aufgerechnet werden kann oder ob die »Vernutzung« von Embryonen prinzipiell verboten sein sollte. Auf der einen Seite steht der hohe Wert des Heilens, auf der anderen Seite die Achtung vor dem menschlichen Leben. Wenn eine Blastozyste noch kein Wesen ist, dem der volle moralische Status zukommt, dann würde eine Abwägung wohl zugunsten des therapeutischen Klonens ausfallen.

Vorausgesetzt der Embryonenverbrauch und das Risiko von Schädigungen des Klons ließen sich minimieren, könnte anscheinend auch gegen die Technik des **reproduktiven Klonens** wenig vorgebracht werden. Es wird dabei ja menschliches Leben geschaffen und gerade nicht vernichtet. Bezüglich der eingesetzten Mittel ist das reproduktive Klonen nicht weit von der IVF entfernt, hinsichtlich der Folgen und der Zwecke können sich allerdings erhebliche Unterschiede ergeben.

Die – im Vergleich zum therapeutischen Klonen – stärkeren Bedenken gegenüber dem reproduktiven Klonen beziehen sich entsprechend auf die Tatsache, dass dessen Zwecke sehr viel anrüchiger erscheinen. Wenn beispielsweise Menschen aus bloßer Selbstverliebtheit eine genetische Kopie ihrer selbst oder Diktatoren einen Modellsoldaten vervielfältigen wollen, dann ist das offenbar verwerflich. Andere Einwände speisen sich aus den Folgen, die mit der Erschaffung eines Klons einhergehen würden. So sei die Einzigartigkeit eines jeden Menschen durch das reproduktive Klonen in Frage gestellt. Der erzeugte Klon werde der Offenheit seiner Zukunft, der Zufälligkeit seiner Existenz, beraubt.

Die Zwecke des Klonens können direkt unmoralisch sein, wie im Fall des Diktators, der sich eine Armee schaffen will. Sie können befremdlich, wenn auch nicht unmoralisch sein, wie im Fall des Elternteils, das »noch einmal« leben will. Im ersten Fall gibt es entsprechend klare Verbotsgründe, im zweiten wird es schon schwieriger. Nur weil andere die Ziele nicht nachvollziehen können, muss man nicht gleich Verbote aussprechen. Der Vorwurf der Instrumentalisierung wirkt in diesem Fall nicht angemessen, denn ein Klon, der geschaffen wurde, um als Ebenbild meiner selbst zu leben, kann sehr wohl von mir auch als Zweck an sich angesehen werden. Und fordert nicht die reproduktive Autonomie die Achtung vor den Wünschen der Eltern, solange diese kein unmoralisches Handeln involvieren?

Zudem existieren ganz offensichtlich zumindest einige wenige Zwecke des Klonens, die nicht nur nicht unmoralisch sind, sondern tatsächlich gut. Einem kinderlosen Paar zu eigenem Nachwuchs zu verhelfen, dem dies auf anderem Wege nicht möglich ist – auch nicht mit den üblichen Mitteln der assistierten Reproduktion –, ist ein legitimes Handlungsziel. Wenn das Klonen per se keine verwerflichen Mittel gebraucht, die gezeitigten Folgen akzeptabel sind und die Zwecke nicht unmoralisch, dann sollten in einer liberalen Gesellschaft nicht ohne weiteres Verbote ausgesprochen werden.

Aber sind die Folgen des reproduktiven Klonens nicht hinreichend schlecht, um es generell abzulehnen? Um diese Einwände angemessen beurteilen zu können, muss zunächst verdeutlicht werden, was genau es bedeuten könnte, ein Klon zu sein. Ein Klon würde entgegen landläufiger Meinung niemals vollkommen identisch mit dem geklonten Lebewesen sein. Eine genetische Identität läge zwar vor, und im Gegensatz zur PID könnte auch der Phänotyp ziemlich eindeutig vorhergesehen werden, aber dennoch, von einer exakten Kopie oder einer Identität aller Merkmale könnte nicht die Rede sein. Sowohl Vorgänge während der Geburt als auch selbstverständlich nach der Geburt prägen ein Individuum. Kurz, wir sind nicht nur Produkte unserer Gene, sondern ebenso unserer Umgebung. Hinzu kommt, dass bei der Technik des Klonens nur der Zellkern des zu klonierenden Lebewesens übertragen wird, nicht jedoch andere Zellbestandteile wie die Mitochondrien, die anscheinend ebenfalls einen Einfluss auf den Phänotyp ausüben.

Das Aufwachsen eines Menschen vollzieht sich nicht so einfach wie die Produktion eines Artefakts, das man beliebig und bis zur Ununterscheidbarkeit reproduzieren kann. Selbst bei einer kürzlich durch Klonen erzeugten Katze war das einfache Merkmal der Zeichnung des Fells nicht identisch mit dem der geklonten Katze. Im Falle komplexer Merkmale, Charakteristika und Fähigkeiten potenziert sich der Einfluss der Umwelt noch. Es ist also vollkommen undenkbar, allein durch die Technik des Klonens einen neuen Hitler oder Einstein zu schaffen – wie manchmal befürchtet beziehungsweise gehofft wird. Da der Mensch nicht bloß die Summe seiner Gene ist, kann also der Einwand abgewiesen werden, wonach ein Klon und auch das geklonte Lebewesen keine einzigartigen Lebewesen wären.

Dennoch kann die große Ähnlichkeit des Klons offensichtlich problematisch sein. Muss er sich nicht als bloßes Geschöpf seiner Kloneltern ansehen, kann er sich überhaupt noch als Autor seines eigenen Lebens erfahren? Normalerweise ermöglicht uns die Zufälligkeit der individuellen »Ausstattung«, unser Aussehen und unsere Talente als Resultat einer »Lotterie der Natur« anzusehen, gewissermaßen als unser persönliches Schicksal. Mit diesem Schicksal können wir hadern, wir können versuchen, dagegen anzugehen – etwa indem wir versuchen, Fähigkeiten zu entwickeln, zu denen wir anscheinend nicht die Anlage haben. Aber als Klon könnten wir unsere Existenz nicht mehr so ohne weiteres als Schicksal erfahren.

Wenn damit auch letztlich psychologische Spekulationen berührt sind, die ein abschließendes Urteil erschweren: Gegen den Einwand sprechen die bereits genannten Erkenntnisse bezüglich der Illusion des genetischen Determinismus. Auch eine bereits festgelegte und nicht zufällige genetische Ausstattung lässt dem Klon ein weites Feld von Möglichkeiten, sich selbst zum Autor seines Lebens zu machen. Möglicherweise bestehende Erwartungen der Kloneltern können bei einem Klon ebenso ins Leere laufen wie bei einem »normalen« Nachkommen. So wie wir nicht Sklaven unserer Gene sind, verliert der Klon durch seine »Gemachtheit« nicht seine individuelle Freiheit.

Diese Gegenargumentation zeichnet in den Augen vieler wohl ein zu positives Bild bezüglich der Lebensaussichten eines Klons. Und bei der derzeit herrschenden Unsicherheit ist es sicherlich die richtige Strategie, in aller Vorsicht von den denkbar schlechtesten psychologischen Auswirkungen auszugehen. Ob man einen Klon davon überzeugen könnte, dass er sich täuscht, wenn er glauben sollte, er sei auf ein bestimmtes Leben festgelegt, ist zweifelhaft. Dennoch sollten Übertreibungen vermieden werden. Die befürchteten Folgen gehen keineswegs notwendigerweise mit dem Klonen einher. Die allzu unreflektierte Auffassung, der Klon werde zu einer Art Sklave, ist in ihrer Pauschalität abzulehnen.

Naheliegend ist der Vorwurf der Instrumentalisierung menschlichen Lebens im Bereich der **Stammzellforschung**, beziehungsweise genauer der Forschung an embryonalen Stammzellen. Wie kaum ein anderes Thema hat es in der letzten Zeit für mediales Echo und politischen Zündstoff gesorgt. In der Bundestagsdebatte vom 30. Januar 2002 wurde in einem Kompromissantrag die Legalisierung des Stammzellimports unter bestimmten Bedingungen gefordert. Am 25. April 2002 wurde dann versucht, den gewünschten Kompromiss in Gesetzesform zu gießen. Das neue Gesetz sieht vor, den Import embryonaler Stammzellen für die Forschung nur für solche Zellen zu ermöglichen, die bereits vor dem Stichtag 1. Januar 2002 gewonnen worden waren. Damit solle sichergestellt werden, dass »für die deutsche Forschung kein Embryo sterben wird«. So drückten es die Initiatoren des verabschiedeten Gesetzesvorschlags aus. Für einige Kritiker des Gesetzes stellt das Heuchelei dar, weil die als verwerflich geltende Gewinnung der Zellen einfach ins Ausland verlagert wird, um hierzulande ein reines Gewissen zu sichern. Andere wiederum sehen darin einen gelungenen Ausgleich zwischen unvereinbar wirkenden Wertvorstellungen. Es ist jedenfalls davon auszugehen, dass die Diskussion mit dem neuen Gesetz nicht beendet ist, denn – so betonte die Abgeordnete Andrea Fischer – »bei Leben und Tod gibt es keinen Kompromiss«.

Die embryonale Stammzellforschung ist moralisch besonders heikel, weil sie im Wortsinne *verbrauchende* Forschung ist. Embryonen werden verwendet, um aus ihnen die begehrten Zellen zu erlangen. Auch wenn die Stammzellen nicht unbedingt von Embryonen gewonnen werden, die ausschließlich zu diesem Zweck erzeugt wurden, sondern etwa aus »übriggebliebenen« Embryonen einer IVF stammen: Embryonen müssen jedenfalls vernichtet werden, um Stammzelllinien anzulegen, die dann als Material für die Forschung dienen können.

Wie schon im Abschnitt zum therapeutischen Klonen erwähnt wurde, sind die Stammzellen für die Medizin deshalb interessant, weil sie neue Heilungschancen verheißen. Zum jetzigen Zeitpunkt sind die Aussichten zwar noch ungewiss, aber vieles deutet darauf hin, dass Stammzellen auf lange Sicht bei vielen degenerativen Krankheiten wie Diabetes mellitus, Parkinson oder amyotrophische Lateralsklerose sowie möglicherweise sogar bei Querschnittlähmung eine Heilung oder Linderung des Leidens ermöglichen.

Jeder Mensch hat in seinem Körper Stammzellen. Sie sorgen für die Erneuerung von verschiedenen Körperzellen, die sich nicht einfach durch Teilung regenerieren können. Diese so genannten adulten Stammzellen haben allerdings gegenüber embryonalen Stammzellen den Nachteil, dass sie anscheinend nicht wie diese pluripotent sind. Das heißt, sie können sich nur in bestimmte Arten von Zellen ausdifferenzieren. Ob die adulten Stammzellen, die auf ethisch unproblematischen Wegen gewonnen werden können, gleiche Funktionen wie die embryonalen übernehmen könnten, ist bisher in der biologischen Forschung noch nicht geklärt. Insbesondere Stammzellen aus Nabelschnurblut nähren die Hoffnung, das moralische Problem zu entschärfen.

Der ethische Konflikt, der mit der embryonalen Stammzellforschung einhergeht, besteht zwischen dem Heilungsauftrag der Medizin – der Pflicht zu heilen – und dem Schutz des menschlichen Lebens. Erneut stellt sich die Frage nach dem Status des frühen menschlichen Lebens. Offenkundig sind viele der Meinung, eine Blastozyste sei bereits ein vollwertiges Mitglied der moralischen Gemeinschaft – zumindest wenn man ihren Äußerungen Glauben schenken will. Genießt ein Embryo tatsächlich denselben Schutz wie jede Person, dann ist die Forschung an embryonalen Stammzellen natürlich verboten.

Gehen wir aber – in meinen Augen überzeugender – davon aus, dass der frühe Embryo keineswegs dasselbe moralische Schutzrecht genießt, dann bleibt die Frage der Instrumentalisierung menschlichen Lebens. Ein Embryo ist, welchen moralischen Status er auch besitzt, eine frühe Form menschlichen Lebens. Man kann deshalb in keinem Fall mit ihm so verfahren wie mit einer Sache. Nun werden allerdings für die Stammzellforschung nur einige wenige Embryonen »geopfert«. Sind einmal Stammzelllinien etabliert, können diese nahezu beliebig vermehrt werden. Und die gewonnenen embryonalen Stammzellen selbst haben sicherlich nicht den gleichen moralischen Status wie Embryonen geschweige denn erwachsene Menschen. Denn aus ihnen können sich keine Embryonen mehr entwickeln, die Zellen sind pluripotent, aber nicht totipotent.

An dieser Stelle der Argumentation kommt es darauf an, ob

man die Ethik für ein System von unerschütterlichen Prinzipien hält, die in jeden Fall einzuhalten sind, oder ob man im Falle des Konflikts verschiedener Ziele – in diesem Fall der Achtung vor dem menschlichen Leben und der Pflicht zur Hilfe gegenüber kranken Menschen – eine Abwägung zulässt. Da es bereits nahezu hundert solcher Stammzelllinien gibt, reduziert sich die Frage darauf, ob man es für moralisch akzeptabel hält, diese auch zu nutzen. Darf man aus einem Vorgang, den man selbst für unmoralisch hält, Nutzen ziehen? Wer hier verneint, vertritt sicherlich eine sehr konsequente Haltung. Aber die meisten werden wohl sagen, dass man schon Moralist im starken Sinne des Wortes sein muss, um vielversprechende Forschungen abzulehnen, die aus ethisch nicht eindeutig verwerflichen Taten stammen.

2.4 Der perfektionierte Mensch: Eugenik

Hinter all den in diesem Kapitel bisher diskutierten Techniken der modernen Reproduktionsmedizin lugt eine mögliche Konsequenz hervor, die insbesondere in Deutschland starke Ängste und Abscheu heraufbeschwört: der Einstieg in die **Eugenik**. Für manche ein Traum, für die meisten ein Alptraum, ist die Vision des perfekten Menschen anscheinend in greifbare Nähe gerückt.

Die Eugenik nahm ihren Anfang zusammen mit der modernen Genetik, nämlich zu Beginn des 20. Jahrhunderts. Insbesondere in England, Deutschland und den Vereinigten Staaten erlangte sie einigen Einfluss, keineswegs nur akademischen. Die eugenischen Verbrechen der Deutschen während der Zeit des Nationalsozialismus sind wohl hinlänglich bekannt, weniger verbreitet ist möglicherweise die Tatsache, dass sowohl vor als auch nach dem Zweiten Weltkrieg, ja fast bis in die Gegenwart hinein, in vielen Ländern – auch demokratischen – Zwangssterilisationen von Behinderten und psychisch Kranken stattfanden. Ohne schon Vorentscheidungen über die generelle Bewertung eugenischer Maßnahmen zu treffen, sollten diese Ereignisse immer bewusst bleiben.

Genau genommen können mit der Eugenik zwei verschiedene Vorgehensweisen angesprochen sein, die wohl besser getrennt diskutiert würden. Zum einen kann mit Eugenik die Selektion bestimmter Genotypen gemeint sein. Dabei sind die eingesetzten Mittel selbst keineswegs genetischer Natur. Diesem Verständnis nach wäre die PID eine Art der Eugenik. Zum anderen kann gemeint sein, dass durch genetische Modifikation – durch *genetic engineering* – die menschlichen Merkmale verbessert werden. Beide Interpretationen des Ausdrucks »Eugenik« sind in der bioethischen Diskussion aufzufinden.

Versuche, gewünschte Genotypen auszuwählen oder die genetische Ausstattung des Menschen in Bezug auf bestimmte gewünschte Eigenschaften hin zu »verbessern«, werden üblicherweise als positive Eugenik bezeichnet. Damit soll kein Werturteil bezüglich eugenischer Maßnahmen zum Ausdruck gebracht werden – es ist also nicht gemeint, dass das eine gute Eugenik wäre –, sondern eine Beschreibung der Ziele. Bei der positiven Eugenik ist die Auswahl gewünschter Charakteristika beziehungsweise die Steigerung menschlicher Eigenschaften (*enhancement*) anvisiert. Mit der so genannten negativen Eugenik sollen hingegen Krankheiten beseitigt oder verhindert werden.

Da »Eugenik« nahezu ein Schimpfwort geworden ist, wird der Name im therapeutischen Zusammenhang meistens vermieden. Doch die negative Eugenik erscheint im vollen Einklang mit den medizinischen Zielen Gesundheit und Leidbeseitigung. Die ethisch problematische Tatsache, dass bisher negative Eugenik zumeist durch Tötung geschädigter Embryonen und Feten erfolgt, ist bereits thematisiert worden. Hier hängt die Bewertung vom moralischen Status des frühen menschlichen Lebens ab. Aber angenommen, es gäbe therapeutische Mittel, die möglicherweise sogar schon im Mutterleib eingesetzt werden könnten, wäre es ganz offensichtlich moralisch gut – ja, sogar gefordert – diese einzusetzen.

Ein solches Mittel ist die **Gentherapie**, die somit ebenfalls als negative Eugenik gelten kann. Die somatische Gentherapie erfolgt durch Entnahme von Zellgewebe, das genetisch modifiziert und dem Patienten anschließend wieder zugeführt wird. Zwar sind Eingriffe dieser Art derzeit noch in der Erforschungsphase und zudem sehr riskant. Aber die bloße Tatsache, dass der Heilungsversuch auf genetischer Ebene erfolgt, hat anscheinend keine moralische Bedeutung – es ist einfach eine neue Form der medizinischen Behandlung. Die Bewertung kann sich ändern, falls durch einen gentherapeutischen Eingriff noch weitere Personen betroffen sind. In der Keimbahntherapie, bei der in die Keimzellen eingegriffen wird, sehen viele eine Grenze, die nicht überschritten werden darf, weil sich Auswirkungen auf die Nachkommen ergeben. Die negative Eugenik erscheint demnach als medizinisches Handlungsziel gerechtfertigt, die dabei derzeit eingesetzten Mittel keineswegs immer.

Die positive Eugenik wird hingegen von nahezu jedem abgelehnt. Die Nazis hatten in ihrem »Lebensborn« bereits das einschlägige Horrorszenario einer auf genetische Fitness reduzierten »Herrenrasse« geschaffen. Doch erneut stellt sich die Frage, ob mit dem Hinweis auf die verbrecherische Geschichte der Eugenik schon alles geklärt ist. Abgesehen von kruden Vorstellungen über genetisch überlegene Rassen scheint selbst die positive Eugenik nicht ohne weiteres eindeutig verwerflich. Denn es ist gar nicht so klar, ob die negative von der positiven Eugenik überhaupt eindeutig zu trennen ist. Ist beispielsweise die genetische Verbesserung der Gesundheitsdisposition bereits ein Fall positiver Eugenik oder noch ein genuin therapeutischer Eingriff? Worin soll der ethisch bedeutsame Unterschied zwischen der Beseitigung einer Krankheit und der Steigerung menschlicher Fähigkeiten liegen?

Die Verbesserung menschlicher Eigenschaften als solche ist sicher nicht verwerflich. Die meisten Menschen versuchen das tagtäglich in bestimmten Hinsichten, indem sie sich bilden, Sport treiben oder schminken. Der Unterschied zur Eugenik macht sich daran fest, dass diese harmlosen Perfektionierungsversuche im Rahmen des natürlicherweise Erwartbaren verbleiben. Es handelt sich um individuelle Perfektionierungen der vorhandenen Möglichkeiten. Zudem erfolgen solche Maßnahmen nicht im Hinblick auf genetische, sondern auf phänotypische Merkmale.

Die genannte Ähnlichkeit zu alltäglichen Perfektionierungsversuchen mag dazu geführt haben, dass eugenische Maßnahmen überhaupt in Erwägung gezogen wurden beziehungsweise werden. Genetische Verbesserungen des Menschen erscheinen in den Augen mancher Befürworter als einfacher und möglicherweise unumgänglicher Weg, der menschlichen Spezies eine bessere Zukunft zu sichern. Denn die üblichen erzieherischen Methoden und historischen Erfahrungen haben offenbar wenig gefruchtet; die Imperfektion des Menschen schlägt sich in Irrationalität, Aggression und Neid nieder. Warum sollte es also nicht sinnvoll sein, den Menschen durch gentechnologische Eingriffe intelligenter, friedlicher und selbstgenügsamer zu machen?

Ein verbreiteter Einwand lautet, dass Eingriffe ins Erbgut Interventionen in den individuellen Freiheitsspielraum gleich kommen. Dabei wiederholt sich die Diskussion, die bereits im Hinblick auf das Klonen geführt worden ist, wo dieser Vorwurf zurückgewiesen wurde. Hinzu kommt, dass eine Verbesserung der genetischen »Ausstattung« des Menschen möglicherweise mit einer Steigerung seiner Freiheit einherginge, einfach indem ihm damit mehr Handlungsmöglichkeiten geschaffen werden.

Offenbar sind aber die Hoffnungen sowieso fehlgeleitet, das

menschliche Schicksal durch direkte oder indirekte Eingriffe in das menschliche Genom zu verbessern. Nicht nur sind die tatsächlichen Einflüsse der Gene, wie bereits mehrfach betont wurde, weder in ihrer Komplexität bekannt noch wirklich steuerbar. Vielmehr zeigt uns die Wirklichkeit immer wieder, dass eine besonders perfektionierte menschliche Eigenschaft üblicherweise mit Mängeln in Bezug auf andere Merkmale einhergeht. Einfach ausgedrückt: Albert Einstein war ein As in Mathematik und Physik. Aber war er auch ein freundlicher Mensch? Ein guter Freund? Ein glücklicher Mann? Der Mensch ist wohl gerade deshalb so gut an seine Umgebung angepasst, weil verschiedene »Mischungen« von Merkmalen existieren, die bei Individuen in verschiedenen Graden ausgeprägt sind.

Sprechen aber genuin ethische Gründe gegen die positive Eugenik? Zumindest die Gefahr eines gesellschaftlichen Ideals des perfekten Menschen verliert mehr und mehr an Bedeutung. Eine »privatisierte« – also auf individuelle Wünsche abgestimmte – Eugenik ist heutzutage viel wahrscheinlicher als eine auf die gesamte Spezies ausgerichtete. Deshalb wird sie auch nicht notwendigerweise die Pluralität der Lebensweisen gefährden.

Unsere Vorstellungen, was unmoralisches Handeln ausmacht, sind eng mit Schädigungen von Individuen verbunden: Es erscheint auf den ersten Blick in jedem Fall verwerflich, Personen zu schädigen oder ihre Interessen zu verletzen. Andere Kriterien, die eine Handlung angeblich unmoralisch machen, sind häufig nicht allgemein nachvollziehbar, wie etwa, dass sie gegen Gottes Willen verstößt oder unnatürlich ist. Aber bei der positiven Eugenik scheint keine geschädigte Person auszumachen zu sein. Deshalb fällt schwer, überzeugende Gegeneinwände zu finden.

Die moderne Reproduktionsmedizin wirft zweifelsohne Fragen auf, die an die Grundfesten der *conditio humana* reichen.

Die Ethik alleine wird dazu nicht ausreichen, denn ihr Instrumentarium ist zu eingeschränkt, um vollständige Antworten in diesen Angelegenheiten zu produzieren. Ein neues Selbstverständnis unserer selbst, eine neue Anthropologie muss hinzutreten. Zudem benötigen wir Visionen, wie wir in Zukunft leben wollen, ob wir alle Möglichkeiten der Biotechnologie ausschöpfen oder Bereiche bestehen lassen wollen, in denen Worte wie »Schicksal«, »Unverfügbarkeit« und »höhere Mächte« ihre Berechtigung behalten. Kurz, wir benötigen eine Ethik im klassischen Sinne des Wortes, eine Ethik als Theorie des guten Lebens.

3 Sterben lassen

Dem Selbstverständnis der Biowissenschaften und insbesondere der Biomedizin zufolge ist der Tod ein Feind des Menschen. Allerdings haben die lebensverlängernden Errungenschaften der Intensivmedizin zu Situationen geführt, in denen ihr Wert fraglich wird. Ein bloßes Dahinvegetieren ist nicht das, was wir uns wünschen. Die einfache biologische Existenz macht anscheinend nicht den Wert des Lebens aus, sondern das wirklich gelebte Leben. Ist der menschliche Tod gleichbedeutend mit dem Ende der Hirnfunktionen oder mit dem Zusammenbruch des Herz-Kreislauf-Systems?

Eine zentrale ethische Frage lautet, wem gegenüber wir moralische Verpflichtungen haben, wer in den Schutzbereich der Moral gehört. Die Auswirkungen der unterschiedlichen Antworten auf die Bewertung von Embryonenforschung und Abtreibung sind enorm. Die Frage nach dem Wert des Lebens wiederum ist verbunden mit der Frage, ob der Tod jemals eine Wohltat sein kann. Wenn ja, dürfen Ärzte Patienten sterben lassen oder das Leben sogar beenden?

Am 5.10.1992 hatte Marion Ploch einen schweren Autounfall. Sie war im vierten Monat schwanger. Im Krankenhaus wurde sie an Maschinen angeschlossen, welche die vitalen Funktionen ihres Organismus künstlich aufrechterhielten. Kurze Zeit später wurde ihr Tod – genauer: der Hirntod – festgestellt. Dieser Fall, der unter dem Schlagwort »Erlanger Baby« in den Medien für Aufruhr sorgte, warf einige metaphysische und ethische Fragen auf. Kann Frau Ploch wirklich tot gewesen sein, wenn ihr Kind sich doch noch entwickelte? War es geboten, ihre Vitalfunktionen auch über den Tod hinaus künstlich aufrechtzuerhalten, um wenigstens das Baby zu retten, oder durften die Maschinen abgestellt werden? Wäre dies ein Tötungsakt gewesen, begangen am Ungeborenen?

Der ethische Streit erledigte sich zunächst von allein, denn der Fetus lebte nur noch 40 Tage, bevor es zu einer Fehlgeburt kam. Dennoch bleibt einiges Unbehagen, wirft der Fall doch ein Schlaglicht auf grundlegende Unklarheiten und moralische Schwierigkeiten in der Medizin – zumal er keineswegs einmalig war, sondern bereits einige hirntote Schwangere entbunden wurden.

Zunächst einmal herrscht Uneinigkeit darüber, wann ein Mensch tot ist. Frau Plochs Gehirn war komplett ausgefallen, sie war demnach hirntot. Aber die Tatsache, dass sich neues Leben in ihr entwickelte, ließ Zweifel an der Angemessenheit dieses Todesverständnisses aufkommen. Alternativ könnte man erst den Zusammenbruch der organismischen Vitalfunktionen als Eintritt des Todes gelten lassen. Zudem ist der moralische Status des werdenden menschlichen Lebens unklar. Sollte ein Fetus als individuelles Wesen betrachtet werden oder als Einheit mit seiner Mutter? Genießt er als werdender Mensch ein eigenständiges Lebensrecht, muss also alles getan werden, um sein Leben zu erhalten? Angenommen, das Kind Frau Plochs wäre weiter herangereift und auf die Welt gekommen, hätte sich des Weiteren das Problem gestellt, wie es um die

Lebensqualität des Kindes bestellt gewesen wäre. Schließlich wäre es nicht nur eine Halbwaise gewesen, sondern in einer Leiche herangereift. Ethisch gesehen ist fraglich, ob der Schutz des nackten Lebens, das Überleben, unter allen Umständen gegenüber Fragen des Wohls überwiegen soll. Soll Leben um jeden Preis gerettet werden?

3.1 Tod

Ohne die verbesserten medizinischen Techniken wäre die Frage nach dem exakten Zeitpunkt des Todes bloß akademisch. Herzschlag, Atmung und Hirnfunktionen können in verschiedener Reihenfolge zusammenbrechen, aber ohne technische Hilfe fallen sie allesamt in kurzer Zeit aus. So sah lange Zeit die medizinische und alltägliche Situation aus. Aber seitdem die Möglichkeit besteht, Menschen, deren Herz stehen geblieben ist, wiederzubeleben und durch Maschinen vitale Funktionen wie die Atmung aufrechtzuerhalten, besteht eine ganz praktische Notwendigkeit, das Ende des Lebens genau zu bestimmen. Man möchte meinen, damit sei ein rein naturwissenschaftliches Problem aufgeworfen, kein anthropologisches, ethisches oder metaphysisches. Genauer betrachtet stimmt das aber nicht. Was ist der Tod und wann tritt er ein? So fragen wir üblicherweise. Aber genauso gut können wir fragen: Was sollen wir unter dem Tod verstehen? Damit soll nicht zum Ausdruck gebracht werden, dass wir völlig willkürlich festlegen könnten, wann ein Mensch tot ist, sondern nur, dass die Definition des Todes von uns selbst bestimmt wird, wobei das »uns« sich jeweils auf unterschiedliche Kulturen beziehen kann.

Der Begriff des Todes besitzt sowohl deskriptive als auch normative Elemente. Welche Fähigkeiten des Menschen verloren gehen, wenn bestimmte Körperfunktionen erlöschen, muss die Wissenschaft klären. Ob aber der Verlust dieser Fähigkeiten als hinreichend angesehen werden sollte, einen Menschen für tot zu erklären, ist damit noch nicht beantwortet. Beispielsweise erachten einige den unwiederbringlichen Verlust des Bewusstseins als Tod des Menschen. Die Wissenschaft lehrt uns, dass das Gehirn und insbesondere dessen kortikale Strukturen für bewusstes Erleben verantwortlich sind. Insofern wäre das Erlöschen der kortikalen Hirnfunktionen gleichbedeutend mit dem Eintritt des Todes. Andere sind der Meinung, dass der Tod mit dem Zusammenbruch *aller* Hirnfunktionen eintritt, also auch derjenigen, die für unbewusst ablaufende Vitalfunktionen notwendig sind. Wiederum andere sind überzeugt, dass der Tod nur mit dem Ausfall der Herz-Lungen-Funktionen erfolgt. Demnach wäre ein Mensch wie Marion Ploch, also ein Patient ohne Chance auf Wiedererlangung bewussten Erlebens, dessen Herz- und Kreislauffunktionen aber künstlich aufrechterhalten werden, nicht tot.

Nachdem Jahrhunderte lang der Herz-Kreislauf-Zusammenbruch als Ende des Lebens galt, wurde 1968 von einem Komitee der *Harvard Medical School* festgestellt, dass das irreversible Koma als ein neues Todeskriterium gelten solle. Damit ist ein Zustand bezeichnet, in dem keine erkennbare Aktivität des Zentralnervensystems mehr vorliegt. Infolgedessen verbreitete sich ein neues Todesverständnis, wonach der Tod des Menschen mit dem **Hirntod** eintritt. 1982 wurde diese Auffassung in der BRD durch den Wissenschaftlichen Beirat der Bundesärztekammer übernommen und 1997 im Hinblick auf das Transplantationsgesetz fortgeschrieben. Der Hirntod wird definiert als »Zustand der irreversibel erloschenen Gesamtfunktion des Großhirns, des Kleinhirns und des Hirnstamms«. Die Feststellung des Hirntods erfolgt in der medizinischen Praxis nach genau festgelegten Tests, die durch mindestens zwei qualifizierte Ärzte unabhängig voneinander durchgeführt werden müssen.

Nicht nur die gesteigerten Möglichkeiten, vitale Lebensfunktionen künstlich aufrechtzuerhalten, trugen anscheinend zu der neuen Auffassung des Todes bei, sondern auch handfeste Interessen an Spenderorganen. Organtransplantationen waren zur Zeit, als der Bericht der *Harvard Medical School* veröffentlicht wurde, noch selten, aber immerhin möglich geworden. Und da Organe von Toten, deren Organismus künstlich »lebendig« gehalten wird, frisch bleiben und zu einem gewünschten Zeitpunkt entnommen werden können, lag es nahe, den Zeitpunkt des Todes mit dem Hirntod und nicht erst dem Zusammenbruch vitaler Körperfunktionen zu identifizieren. Wäre nämlich der Herztod entscheidend für das Ende des Lebens, so würde man bei der Organentnahme bei Hirntoten Vivisektion betreiben, also einen lebendigen Menschen »ausweiden«.

Die manifesten Interessen, die einer verbreiteten Meinung nach zur neuen Interpretation des Todesbegriffs mit beigetragen haben, riefen damals schon Kritiker auf den Plan, deren Stimmen bis heute keineswegs verstummt sind. Es erscheint willkürlich, den Hirntod als Ende des Lebens zu bestimmen, bloß um Organtransplantationen zu erleichtern. Diese Kritik an den möglichen Motiven hat sicherlich ihre Berechtigung, allerdings kann es dennoch gute Gründe für diese Auffassung vom menschlichen Tod geben – trotz der Interessen an einer veränderten Sichtweise. Außerdem ist keineswegs eindeutig, ob mit der Einführung des Hirntodkriteriums tatsächlich der Begriff des Todes verändert oder nur ein neues Merkmal eingeführt wurde, das in Einklang mit bisherigen Vorstellungen steht.

Dem Hirntodkriterium liegt die folgende Sichtweise zugrunde: Ein funktionierendes Gehirn ist nicht nur wesentlich, damit überhaupt Bewusstsein vorliegen kann, sondern auch, um vegetative Funktionen aufrechtzuerhalten. Fällt das Gehirn komplett aus, stirbt der Organismus als systemische Einheit, wenn auch einzelne Funktionen wie die Atmung künstlich ersetzt werden können. In einem gewissen Sinne kann ein Mensch also sogar bei vollständigem Erlöschen der Hirnfunktionen »am Leben gehalten« werden. Allerdings würde man wohl eher sagen, dass bestimmte Körperfunktionen noch künstlich aufrechterhalten werden, nicht dass der Patient selbst noch lebt. Die Funktions*fähigkeiten* sind unwiederbringlich verloren, und das ist entscheidend für den Tod des Menschen. Der künstlich bereitgestellte Ersatz der körperlichen Mechanismen ändert an diesem Befund nichts. Die Tatsache, dass beispielsweise das Herz schlägt und der Körper warm bleibt, mag psychologische Widerstände hervorrufen, ihn als Leiche anzusehen, aber tatsächlich ist bei einem kompletten Ausfall des Gehirns kein eigenständiges Leben des Organismus mehr möglich.

Kritik am Hirntodkriterium kommt auch von Leuten, die es für zu strikt halten. Sie schlagen stattdessen ein **Teilhirntodkriterium** vor. Der Zusammenbruch der vegetativen Funktionen gilt ihnen nicht als entscheidend für Fragen des Todes. Patienten im »Locked-in-Syndrom« verfügen beispielsweise über Bewusstsein und können durch Augenbewegungen sogar kommunizieren, obwohl ihre vegetativen Funktionen aufgrund einer Hirnschädigung ausgefallen sind. Niemand würde wohl im Geringsten daran zweifeln, dass diese Patienten leben. Insofern scheint ausschließlich das bewusste Erleben für menschliches Leben oder Tod ausschlaggebend.

Es gibt andere Patienten, bei denen umgekehrt die vegetativen Funktionen auch ohne künstliche Unterstützung erhalten bleiben, deren Bewusstsein aber unwiederbringlich verloren ist. Bei ihnen sind kortikale Strukturen des Gehirns zerstört, nicht aber der Hirnstamm. In der Medizin wird dieser Zustand als Apallisches Syndrom oder Wachkoma (*persistent vegetative state*) bezeichnet. Die Vertreter des Teilhirntodkriteriums sehen diese Patienten als Tote an. Sie schlagen also vor, den Teilhirntod, genauer gesagt den Ausfall des Großhirns, zum Tod des Menschen zu erklären. Vielen geht das zu weit. Apalliker zeigen schließlich äußerst lebendig wirkende Reaktionen. Sie haben meist die Augen geöffnet, geben manchmal Laute von sich und verändern ihre Mimik. Diese Patienten als Tote anzusehen wirkt eigenartig.

Der Hirntod mag aus einer medizintheoretischen Sichtweise ein überzeugendes Kriterium abgeben. Aber aus der Perspektive eines direkten Gegenübers, also aus einer lebensweltlichen Perspektive, fällt es vielen schwer, eine Hirntote wirklich als tot anzusehen. Marion Plochs Pflegerinnen waren wohl kaum der Meinung, dass sie es mit einer Leiche zu tun haben. Sie redeten mit ihr, streichelten ihr den Bauch und spielten ihr Musik vor. Taten sie das nur wegen des ungeborenen Kindes?

Es ist wichtig, diese phänomenalen Aspekte des Todes von den abstrakten Fragen zu unterscheiden. Beide haben ihre Berechtigung, stellen sich aber aus verschiedenen Perspektiven. Wann betrachten wir einen Menschen nicht mehr als lebendiges Gegenüber, sondern als Leiche? Diese Frage ist nicht bloß begrifflich zu beantworten. Weitere Diskussionen um den Tod des Menschen sind allein schon deshalb absehbar, weil die genannten Perspektiven häufig verschwimmen.

Der Streit um das Todeskriterium und den Hirntod dreht sich zugleich um weitere Angelegenheiten. Es ist offenbar nicht bloß entscheidend zu bestimmen, wann genau ein Mensch »wirklich« tot ist, sondern auch – und vielleicht noch eher –, wie mit Patienten an den Grenzen des Lebens umgegangen werden soll; ob wir etwa ihre Organe beim kompletten Ausfall des Gehirns entnehmen dürfen oder ob wir ihr biologisches Leben so lange wie möglich erhalten sollen, auch wenn keine Hoffnung auf ein bewusstes Leben mehr besteht. Damit werden dann genuin *ethische* Probleme aufgeworfen, die über den Begriff des Todes hinausreichen.

3.2 Moralischer Status – Begriff der Person

Ein Grundproblem der Ethik und speziell der Bioethik lautet, wie weit der **Schutzbereich der Moral** reicht. Unbelebte Dinge wie Steine gehören nicht zu den Objekten beziehungsweise Adressaten der Moral. Bei Pflanzen beginnt schon die Auseinandersetzung über deren moralischen Status. Kommt ihnen als solchen Schutzwürdigkeit zu oder nur abgeleitet aus den Interessen der Menschen am Erhalt der Natur? In den Biowissenschaften ist insbesondere der moralische Status des frühen menschlichen Lebens umstritten. Ist der menschliche Embryo als solcher ein Träger moralischer Rechte oder genießt er den Schutz der Moral ebenfalls bloß indirekt durch Interessen anderer? Für die Frage der embryonenverbrauchenden Forschung und anderen biowissenschaftlichen Praktiken ist dabei insbesondere von Relevanz, ab wann das grundlegende Recht auf Leben einsetzt.

Die Moral ist ein System von Regeln, das der Mensch sich selbst auferlegt. Sie ist eine soziale Institution. Sie beinhaltet Rechte und Pflichten, sie reguliert das Verhalten. Diese Tatsachen haben Auswirkungen auf die Frage nach der Reichweite der Moral. Es wird dadurch deutlich, dass die Frage nach den Adressaten der Moral verbunden ist mit der Frage, wer die Subjekte der Moral sind – wer also moralische Rücksicht ausüben kann. Moralische Rücksichtnahme erfordert bestimmte Fähigkeiten, die nicht jedes Lebewesen besitzt; beispielsweise aufgrund von Einsicht in Gründe von einer Handlung absehen zu können. Einem Hund etwa würden wir keine *moralischen* Vorwürfe machen, wenn er jemanden beißt. Subjekte der Moral aber sind aufgrund ihrer Fähigkeit zum moralischen Handeln notwendigerweise auch Adressaten der Moral, denn da sie in der Lage sind, wechselseitig Rücksicht entgegenzubringen, können sie diese auch von anderen einfordern. Ob der Kreis der moralischen Objekte als genauso groß verstanden werden sollte wie der der moralischen Subjekte; ob also *nur* moralische Subjekte Achtung verdienen, ist damit allerdings keineswegs schon beantwortet. Das hängt davon ab, ob man den Bereich der Moral auf symmetrische Beziehungen beschränken will oder nicht. Da aber moralische Subjekte die moralischen Regeln erzeugen, sind sie es auch, die letztlich bezüglich einer möglichen Erweiterung des moralischen Status über den engeren Kreis hinaus bestimmen.

Die Moral fordert, anderen Menschen Achtung entgegenzubringen. Alle Menschen genießen denselben moralischen Status, ihnen kommt – in einer verbreiteten Redensart – Würde zu. Insofern sind alle Menschen gleich, auch wenn sie sich in ihren individuellen Eigenschaften stark unterscheiden. Die gleiche Achtung ist ein Grundprinzip jeder ernst zu nehmenden Moraltheorie sowie die grundlegende Idee der modernen Konzeption der Menschenrechte.

Diese durchaus typische Auffassung bezüglich des moralischen Status ist, so allgemein formuliert, noch unbefriedigend. Beispielsweise bezieht sie sich ausschließlich auf Menschen. Warum soll aber die Moral nicht auch Tieren Schutz bieten? Welche Eigenschaften des Menschen sind es, die ihn gegenüber den Tieren auszeichnen, und sprechen diese dafür, Menschen als Adressaten der Moral zu sehen, Tiere hingegen nicht?

Die Nachfragen zeigen, warum die übliche Redensart, dem Menschen komme Würde zu, keineswegs ausreicht, um die moralische Statusfrage zu beantworten. Oft wird so getan, als bestünde das einzige Problem in diesem Zusammenhang darin zu bestimmen, wann menschliches Leben beginne. Falls bereits mit der befruchteten Eizelle menschliches Leben vorläge, sei bereits die Zygote moralisch schützenswert. Umgekehrt sprechen einige von »Präembryonen«, als ob sich damit die Frage nach dem moralischen Status von Embryonen auflösen würde. Statt aber nach dem biologischen Beginn menschlichen Lebens zu fragen, sollte vielmehr zuerst geklärt werden, welche Eigenschaften ein – *irgendein* – Lebewesen besitzen muss, um moralische Achtung zu genießen. Die Naturwissenschaften allein helfen dabei nicht weiter, denn es handelt sich um eine normative Frage.

Selbst wenn man geneigt ist, ohne weitere Angabe von Gründen dem menschlichen Leben generell einen unbedingten Schutzstatus zuzugestehen, muss die Frage beantwortet werden, was genau unter »menschlichem Leben« zu verstehen ist. Eine befruchtete Eizelle ist sicherlich *menschliches Leben* in einem spezifischen Sinne, nämlich in einer molekularbiologischen oder auch genetischen Perspektive. Eine Zygote ist aber kein *Mensch* in einem anthropologischen Sinne. Dennoch ließe sich argumentieren, dass selbst die Zygote ein *potenzieller* Mensch sei. Auf dieses so genannte Potenzialitätsargument wird weiter unten eingegangen. Eine andere Möglichkeit, wenn schon nicht den gleichen moralischen Status für Embryonen, aber immerhin einen strikten *Lebens*schutz für Embryonen zu begründen, besteht in der These von der Heiligkeit des menschlichen Lebens.

In der Ethik wird meist nicht von Menschen als Trägern von moralischen Rechten gesprochen, sondern von **Personen**. »Person« ist nicht im alltäglichen Sinne zu verstehen, wo »Mensch« und »Person« synonym verwendet werden. Im spezifischen Sinn der Person als einem durch die Moral geschützten Wesen ist es denkbar, dass ein Mensch *keine* Person ist oder dass eine Person kein Mensch ist. Allein durch die mangelnde Trennung der beiden genannten Arten, über Personen zu reden, sind in der Diskussion um den moralischen Status bereits viele Missverständnisse entstanden. So wurde etwa behauptet, einige Bioethiker bezeichneten Menschen, denen die Eigenschaften einer Person abgehen, als *Un*personen – wobei das scheinbar skandalöse einer solchen Aussage sich aus dem Alltagsbegriff ergibt. Gleich vorneweg sei betont, dass mit der Rede von Personen im Unterschied zu Menschen nicht immer die inkriminierte Auffassung einhergeht, wonach nicht alle Menschen Personen sind. Denn die Kriterien für Personalität können so bestimmt sein, dass letztlich doch alle Menschen – allerdings eventuell auch noch weitere Wesen wie etwa Menschenaffen – Personenstatus besitzen.

Welche Merkmale muss ein Wesen haben, um als Person zu gelten? Die Eigenschaften, die eine Person konstituieren, können keine ausschließlich biologisch bestimmten Eigenschaften sein. Die eigene Spezies gegenüber anderen Wesen vorzuziehen, indem man ohne weitere Begründung Menschen, nicht aber anderen Speziesangehörigen einen moralischen Status zuspricht, wird von einigen Bioethikern als besondere Form der Diskriminierung, nämlich als **Speziesismus**, bezeichnet. Bei der Bestimmung des Personenbegriffs geht es vielmehr um die Frage, aufgrund welcher Eigenschaften moralische Rücksichtnahme zwingend *geschuldet* ist. Die Merkmale selbst können zwar biologische sein, man muss aber Gründe angeben, warum gerade sie die Pflicht zur Achtung begründen sollen.

Viele Theoretiker sind der Meinung, dass Personen Wesen sind, die wertend Stellung nehmen und insbesondere ihrem Leben selbst einen Wert zuschreiben können. Ähnliche Formulierungen – meist in der utilitaristischen Tradition – sprechen von Interessen und einem basalen Überlebensinteresse beziehungsweise zukunftsbezogenen Wünschen. Die Fähigkeit, selbstständig Werte in die Welt zu bringen oder überhaupt Interessen zu haben, verlangt von anderen, diese zu respektieren. Daher kommt den Personen moralische Achtung zu. Damit Personen wiederum ihr Leben wertschätzen können, müssen sie es als *ihr* Leben erkennen und benötigen daher eine zumindest rudimentäre Form von Ich-Bewusstsein beziehungsweise Selbstbewusstsein. Selbstbewusstsein besitzen wahrscheinlich höher entwickelte Tiere wie Menschenaffen, nicht hingegen Menschen vor der Geburt oder anenzephale Neugeborene.

Wiederum andere Theoretiker verstehen unter Personen nur

Wesen, denen die Fähigkeit zum moralischen Handeln zukommt. Insofern lehnen sie sich an den weiter oben eingeführten Begriff des moralischen Subjekts an. Demnach wären Tiere gar nicht und Menschen erst im Kleinkindalter als Personen zu zählen. Weitere aufzufindende konstitutive Personenkriterien sind Individuierung – der Zeitpunkt, nach dem eine Mehrlingsbildung unmöglich wird –, Rationalität oder Kommunikationsfähigkeit.

Der Streit um den Personenbegriff kann möglicherweise vermieden werden, indem man fragt, zu *was* wir *welchen* Wesen gegenüber aufgrund *welcher* Eigenschaften jeweils verpflichtet sind. Dieser Sichtweise zufolge kann es unterschiedliche Grade des moralischen Status geben. Die moralische Achtung unterliegt demnach nicht der Wahl zwischen Allem oder Nichts.

Es ist nicht zu bestreiten, dass nur Menschen und noch nicht einmal alle Menschen die Fähigkeit zum moralischen Handeln besitzen. Daraus folgt aber nicht, dass moralfähige Menschen nur anderen moralfähigen Wesen Achtung schulden. Häufig wird als ein Ziel der Moral angesehen, dass das Wohlergehen geschützt wird. Ein subjektives Wohl besitzen aber keineswegs nur Menschen, geschweige denn nur Personen. Denn damit ist keine besonders ausgefeilte Fähigkeit zur Bewertung verbunden, es genügt, Lust und Schmerz empfinden zu können. Bäume mögen zwar ein Wohl haben, etwa in der Art, dass es gut für sie ist, wenn sie Wasser bekommen. Aber für ein subjektives Wohl benötigt ein Wesen zumindest eine minimale Form von Bewusstsein, genauer: Empfindungsfähigkeit. Somit gälten sehr viele Tiere und menschliche Feten ab der Entwicklung des zentralen Nervensystems als moralisch schützenswert. Die dazu notwendige biologische Entwicklungsstufe tritt beim Menschen im zweiten Trimester einer Schwangerschaft ein.

Gemäß dieser Argumentation wäre es überzeugend, allen leidensfähigen Lebewesen einen moralischen Status zuzuschreiben, wobei sich selbstverständlich unterschiedlich darstellen kann, *was* die Berücksichtigung eines solchen Wesens jeweils fordert. Leidensfähigkeit impliziert zunächst einen Schutz vor unnötigen Schmerzen, nicht aber notwendigerweise einen absolut geltenden Schutz des Lebens. Zwar wäre die schmerzfreie Tötung von Wesen mit subjektivem Wohl sicherlich stark begründungsbedürftig und keineswegs der Willkür freigegeben. Von einem *strikten* Schutz des Lebens, der die entgegengesetzten Überlegungen übertrumpft, könnte aber wohl erst später, ab der Geburt, gesprochen werden. Denn dann endet die körperliche Einheit zwischen der Schwangeren und dem Kind und ein einzelnes menschliches Wesen tritt in die Welt.

Für die Frage des Embryonenschutzes würde das bedeuten, dass menschliches Leben *vor* dem Eintritt der Empfindungsfähigkeit keinen moralischen Status hätte und damit kein eigenständiges Recht auf Leben genießen würde. Zygoten und Blastozysten stünden für Forschungs- und diagnostische Zwecke zur Verfügung. Ein Schwangerschaftsabbruch bis etwa zum dritten Monat – der genaue Zeitpunkt hängt von Erkenntnissen über die Embryonalentwicklung ab – würde keine moralischen Pflichten gegenüber dem Fetus verletzen.

Gegen diese möglicherweise zu lax erscheinende Sichtweise können allerdings zwei Einwände geltend gemacht werden: zum einen das bereits erwähnte **Potenzialitätsargument**: Ein Embryo, ja, bereits eine befruchtete Eizelle, besitzt die genetischen Anlagen eines späteren menschlichen Wesens. Er ist ein potenzielles Kind oder auch eine potenzielle Person und kann demnach als ebenso schützenswert wie in späteren Entwicklungsphasen gelten, in denen die für moralische Achtung entscheidenden Merkmale tatsächlich ausgebildet werden.

Dass eine befruchtete Eizelle ein potenzieller Mensch ist, wird kaum jemand bestreiten. Fraglich ist aber, ob ihm deshalb schon in gleichem Maße Achtung gebührt wie in späteren Lebensphasen. Wäre es so, würden einige alltägliche Praktiken wie etwa die Schwangerschaftsverhütung mit Hilfe der Spirale – bei der die Einnistung einer bereits befruchteten Eizelle verhindert wird – plötzlich moralisch fragwürdig erscheinen.

Allerdings ergeben sich für das Potenzialitätsargument gravierende Probleme. Denn sogar im Falle einer aktiven – das heißt naturgegebenen – Potenzialität, bei der ein von selbst ablaufender Prozess zu dem Punkt führen kann, der schließlich den vollen moralischen Schutz garantiert, können mit guten Gründen innerhalb dieses Prozesses Grade unterschieden werden. Einem Erwachsenen beispielsweise sprechen wir Rechte zu, die Kinder nicht haben, auch wenn das Erwachsenwerden naturwüchsig abläuft. Es erscheint keineswegs zwingend, einem potenziellen Menschen den gleichen moralischen Status zuzusprechen wie einem empfindungsfähigen Wesen, geschweige denn einem erwachsenen Menschen. Die Potenzialität als solche kann die Statusgleichheit des Embryos nicht begründen.

Trotz der genannten Schwierigkeiten beleuchtet das Potenzialitätsargument offenbar zu Recht eine Tatsache, die moralische Folgen zeitigt. Ein Embryo mag zwar noch nicht über moralisch relevante Eigenschaften wie Empfindungsfähigkeit oder Interessen verfügen, aber wir sollten ihm einen anderen moralischen Status zubilligen als einem Stein oder einer Pflanze. Angenommen, jemand würde einen Motor erfinden, der anstelle von Benzin durch Verbrennung menschlicher Embryonen angetrieben würde. Dass wir eine solche Idee abstoßend finden, kann wohl kaum unbegründeten Vorurteilen angelastet werden. Der besondere Status von Embryonen hat also offenbar seine Berechtigung.

Die zweite Strategie gegen das bisherige Ergebnis, wonach der Schutz der Moral erst mit der Empfindungsfähigkeit einsetzt, geht nicht davon aus, dass Embryonen geachtet werden müssen wie jeder Mensch. Vielmehr sieht die Argumentation vor, die Zuschreibung eines moralischen Status an Embryonen so zu bestimmen, dass dabei über das strikt Geforderte hinausgegangen wird. Der Einwand, oder besser gesagt: die Ergänzung, kann entsprechend **Zuschreibungsargument** genannt werden.

Es verläuft folgendermaßen: Wenn frühes menschliches Leben vorliegt, ist es wenig überzeugend, es *gänzlich* aus dem Schutzbereich der Moral zu verbannen. Der Grund besteht darin, dass wir zu menschlichem Leben generell in einer besonderen Relation stehen und sich ein Embryo zudem zu einem achtenswerten Wesen entwickeln könnte. Es gibt also gute Gründe, Embryonen einen gewissen moralischen Schutz zukommen zu lassen. Dieser Schutz wäre zweifelsohne weniger stark und auch weniger strikt als der zu späteren Zeitpunkten. Er wäre auch keineswegs zwingend gefordert. Vielmehr hinge es letztlich von unserer Bereitschaft – von den moralischen Subjekten – ab, ihn Embryonen zuzugestehen. *Ob* also Embryonen ein moralischer Status zugeschrieben wird und *welche* Schutzmaßnahmen dieser Status beinhaltet, kann demnach berechtigterweise kulturell variieren.

Der Vorwurf des Speziesismus trifft nun nicht mehr, denn keine andere Spezies wird diskriminiert, wenn wir uns entscheiden, über das moralisch Geforderte hinaus bestimmte Wesen zu berücksichtigen, die uns nahe stehen. Der moralische Status des frühen menschlichen Lebens ergibt sich so gesehen eben nicht aus den intrinsischen Eigenschaften eines zu berücksichtigenden Wesens selbst, sondern aus der Relation, in der es zu uns steht.

Ein unter allen Umständen geltender Lebensschutz für Embryonen, geschweige denn für Zygoten, ist auf der nun gewonnenen ethischen Grundlage äußerst unwahrscheinlich. Denn wir haben häufig Interessen oder sogar moralische Verpflichtungen, die einem solchen starken Lebensschutz entgegenstehen, beispielsweise die Verpflichtung, kranken Menschen zu helfen. Es bleibt dennoch unangemessen, willkürlich Embryo-

nen zu verbrauchen, auch wenn ihnen nicht dieselbe morali-
sche Achtung geschuldet ist wie bereits geborenen Menschen.
Wenn Embryonen vernichtet werden, müssen überzeugende
Gründe vorliegen.

3.3 Der Wert des menschlichen Lebens

Die Moral fordert nicht bloß, andere moralische Subjekte,
andere Personen, zu achten. Es ist ebenfalls geboten, wertvolle
Dinge zu bewahren und nicht willkürlich zu zerstören. Im
Zusammenhang biomedizinischer Handlungsoptionen stellt
sich entsprechend die Frage nach dem **Wert des menschlichen
Lebens**. Sowohl am Anfang als auch am Ende des menschlichen
Lebens ist sie verbunden mit der Schutzwürdigkeit und letztlich
dem Tötungsverbot. Ist menschliches Leben unter allen Umständen zu erhalten? Ist Töten kategorisch verboten?

Wenn man behauptet, die Moral schütze Wertvolles, stellt
sich die Frage, *welche* Dinge wertvoll sind. Gehört das menschliche Leben in allen seinen Entwicklungsstufen und Variationen
dazu? Damit einhergehend fragt sich, *woher* Werte stammen,
wie sie in die Welt kommen. Bei näherem Hinsehen zeigt sich,
dass die Aussage, Wertvolles sei zu bewahren, nicht sehr hilfreich ist. Denn die Werthaftigkeit wird ja von uns Menschen
selbst verliehen, auf der Grundlage menschlicher Interessen. So
verstanden, sagt das moralische Gebot nicht mehr aus, als dass
wir die Dinge bewahren sollen, die Menschen für wertvoll
erachten, an denen sie ein Interesse haben.

Aber gibt es nicht auch Dinge, die einen Wert an sich selbst
haben, einen so genannten intrinsischen Wert? Und gehört
nicht das menschliche Leben dazu? Von der Natur beispielsweise sagen viele, sie besitze einen intrinsischen Wert, sie sei
wertvoll nicht erst durch die Wertschätzung des Menschen.

Viele religiöse Menschen sind der Ansicht, dass Gott oder eine andere höhere Macht und nicht der Mensch selbst Wert verleihe. Ob man nun aber religiös argumentiert oder nicht, der Mensch selbst ist jedenfalls ein Wesen, das Werte in die Welt bringen kann. Insofern – als Quelle von Wert – trägt jeder Mensch seinen Wert in sich selbst; er bekommt ihn nicht von außen verliehen. Der Wert des eigenen Lebens ergibt sich also keineswegs aus der gesellschaftlichen Wertschätzung und kann deshalb auch nicht gesellschaftlich entzogen werden. Im Begriff der Menschenwürde ist dieser Gedanke aufgegriffen. Da der Wert des Menschen sich nicht relativ zu Interessen bemisst, hat der Mensch, so Immanuel Kant, keinen Preis – der eben abhängig von Interessen wäre –, sondern Würde.

Personen haben intrinsischen Wert. Deshalb ist es geboten, sie moralisch zu achten, und selbstverständlich gehört dazu das Gebot, sie nicht zu töten. So weit bewegt sich die Argumentation noch im direkten Zusammenhang mit der bereits diskutierten Frage nach dem moralischen Status. Eine anders gelagerte, allerdings verwandte Fragestellung wird nun durch die Behauptung aufgeworfen, dass das menschliche Leben einen intrinsischen Wert besitze. Diese Behauptung bezeichnet man als die These von der **Heiligkeit des menschlichen Lebens**.

Diese These bezieht sich nicht nur auf den Lebensbeginn, beispielsweise auf die Zulässigkeit verbrauchender Embryonenforschung, sondern auch auf das Lebensende, wenn etwa zur Diskussion steht, ob es jemals erlaubt sein kann, sich selbst oder einen anderen Menschen zu töten. Wenn das menschliche Leben als intrinsisch wertvoll – als heilig – betrachtet wird, genießt es kategorischen Schutz. Ein menschliches Leben nur für eingeschränkt wertvoll, es möglicherweise sogar für nicht lebenswert zu halten, wäre dieser Auffassung zufolge unmöglich. Jedem menschlichen Leben kommt vielmehr ein absoluter Wert zu; er ist nicht relativierbar.

Die alternative Auffassung, wonach das Leben keinen intrinsischen, sondern nur einen von Menschen selbst zugeschriebenen Wert besitzt, lässt zu, dass der Wert des Lebens relativiert werden kann. Dieser Auffassung zufolge ist es denkbar, dass ein menschliches Leben keinen Wert (mehr) hat, dass es nicht (mehr) wert ist, (weiter) gelebt zu werden. Bei diesen Formulierungen schrillen die moralischen Alarmglocken, hatten doch die Nationalsozialisten ihre verbrecherischen Tötungsaktionen unter dem Stichwort der »Vernichtung lebensunwerten Lebens« betrieben.

Doch die These von der Heiligkeit des menschlichen Lebens bereitet Schwierigkeiten. Denn es ist keineswegs eindeutig, was genau mit »Leben« angesprochen ist. Schon im Zusammenhang mit der Diskussion um das Todeskriterium wurde darauf hingewiesen, dass mit »Leben« zum einen die biologische Existenz, zum anderen das gelebte persönliche Dasein gemeint sein kann. Hat die biologische Existenz des Menschen oder hat sein gelebtes Leben einen intrinsischen Wert? Üblicherweise behaupten die Vertreter einer Heiligkeit des Lebens, dem biologischen Leben komme ein intrinsischer Wert zu. Das wird deutlich durch die Forderung nach dem Schutz des menschlichen Lebens vom Beginn der Befruchtung an – zu einem Zeitpunkt also, an dem kaum von einem persönlichen Leben die Rede sein kann.

Die biologische Existenz, das »nackte« Leben, hat aber – so sollte man meinen – keinen Wert *unabhängig* vom persönlichen Dasein. Ohne irgendein bewusstes Fühlen und Erleben, ohne jede Form des Tätigseins wäre das menschliche Leben offensichtlich nicht wertvoll. Um möglichen Missverständnissen vorzubeugen sei hinzugefügt, dass damit ein schwaches Verständnis persönlichen Lebens gemeint ist, nicht etwa eines, wonach nur Gesunde ein persönliches Leben hätten. Der Wert der Existenz, so könnte man nun sagen, hat seinen Ursprung im Wert des Daseins. Der intrinsische Wert des Lebens liegt im gelebten Leben; die biologische Existenz ist dessen Vorbedingung und daher ebenfalls – allerdings nur abgeleitet – wertvoll.

Dass dem gelebten persönlichen Leben ein intrinsischer Wert zukommt, kann aber offenbar nichts anderes heißen, als dass es an sich wertvoll ist, wenn Menschen ihr je eigenes Leben führen, und dass ihr Leben nicht nur deshalb wertvoll ist, weil sie selbst ihm Wert zuschreiben. Der intrinsische Wert jedes einzelnen persönlichen Lebens liegt demnach unabhängig von spezifischen Interessen daran vor. Diese Sichtweise ist aber vereinbar mit der Behauptung, es könne Situationen geben, in denen Menschen zu Recht aufhören, das Fortleben wünschenswert zu finden. Wenn das gelebte Leben einhergeht mit großem Leiden ohne Hoffnung auf Besserung der Lage, dann *kann* ein Mensch zu Recht der Meinung sein, das Leben sollte nicht weitergeführt werden. Er muss deshalb das Leben nicht gleich als lebensunwert ansehen. Andere Werte wie Schmerzfreiheit oder Autonomie können mit dem Wert des Lebens in Konflikt geraten, und es ist nicht von vornherein ausgemacht, welcher der wichtigste ist. Der Tod ist üblicherweise unerwünscht, weil er das Gute am Leben beendet. Wenn aber das Erlebte selbst nicht mehr gut, sondern im Gegenteil qualvoll ist, dann kann das Ende der Qual wertvoll für den Betroffenen sein.

So paradox es klingt, der intrinsische Wert des Daseins kann sich gerade darin ausdrücken, dass man sein Ende wünscht. Schließlich verwirklicht sich der Wert des Lebens, indem man sein persönliches Leben mit den dazugehörigen individuellen Wertvorstellungen führt. Diese können einen Todeswunsch begründen. Der Wert des Daseins fordert nicht, dass die biologische Existenz unter allen Umständen erhalten werden muss. Selbst der Papst hat jüngst darauf hingewiesen, dass eine »Intensivmedizin um jeden Preis bis zum Letzten« nicht wünschenswert sei (*Frankfurter Allgemeine Zeitung*, 25.3.2002). Kurz, jedes persönliche Leben ist lebenswert, es gibt kein lebensunwertes Leben; aber das bedeutet nicht, dass es keine Situationen geben kann, in denen Menschen den Tod berechtigterweise dem biologischen Weiterleben vorziehen. Überlegungen zur Lebensqualität müssen also nicht im Widerspruch stehen zur Auffassung, jedes persönliche Dasein sei von intrinsischem Wert.

Die These von der Heiligkeit des menschlichen Lebens ist also dieser Argumentation zufolge nur überzeugend als These von der Heiligkeit des *persönlichen* Lebens. Damit geht keineswegs eine Relativierung des Lebenswerts einher. In Bezug auf den Beginn des Lebens heißt das: Wenn noch gar kein persönliches Leben existiert – also vor der Empfindungsfähigkeit –, kann der Wert des Lebens nur *zugewiesen* werden. Es liegt noch kein intrinsischer Wert vor. Dies wäre eine modifizierte Sichtweise der These von der Heiligkeit des persönlichen Lebens in Übereinstimmung mit dem vorher diskutierten moralischen Status des Menschen am Beginn seiner Existenz.

In den letzten Jahren sind Fälle diskutiert und sogar vor Gericht gebracht worden, die scheinbar im Gegensatz zur Vorstellung stehen, dass dem Leben an sich ein Wert zukommt. Gemeint sind Fälle, in denen die Existenz eines Menschen ihm angeblich Schaden zugefügt habe. In Deutschland werden sie entsprechend unter dem Stichwort »**Leben als Schaden**« abgehandelt. Zwar existieren hierzulande erst äußerst wenige Beiträge zum Thema, das Problem ist aber wichtig, weil es in den kommenden Jahren sicherlich verstärkt auftreten wird. Erst im November 2001 hat ein Fall für Aufsehen gesorgt, bei dem der französische Kassationsgerichtshof einem Kind mit Down-Syndrom Schadenersatz für die Tatsache zusprach, dass es nicht abgetrieben wurde. Nur eine Woche später wurde am Bundesgerichtshof ein ähnlich gelagerter Fall zurückgewiesen.

Im angelsächsischen Sprachraum, in dem man dieses Konzept ernsthaft diskutiert, wird von *wrongful life* gesprochen. Dieser Ausdruck kommt der inkriminierten Redeweise vom Leben, das angeblich nicht lebenswert sein soll, gefährlich nahe. Es ist daher kein Wunder, dass viele Menschen diese Diktion ablehnen. Einige Vertreter von Behindertenverbänden sehen dadurch sogar das Lebensrecht von Behinderten gefährdet. Allerdings lässt die These vom Leben als Schaden zwei verschiedene Interpretationen zu, je nachdem, wer als Geschädigter gilt, das betroffene Kind selbst oder die Eltern.

Auf den ersten Blick erscheint es tatsächlich absurd, das Leben selbst als eine Schädigung anzusehen. Zunächst entsteht damit das metaphysische Problem, wie jemand geschädigt werden kann, *indem* er zur Existenz gebracht wird. Eine Schädigung bedeutet üblicherweise eine Verschlechterung der Situation des Betroffenen. Aber gegenüber welchem Zustand sollte hier verglichen werden? Darüber hinaus besteht eine Schädigung zumindest dem juristischen Verständnis nach nur dann, wenn jemand dafür verantwortlich ist. Krankheit und Behinderung sind aber natürliche Ereignisse, zumindest solche, die genetisch bedingt sind.

Das Problem, einen Schuldigen zu identifizieren, wird von den Verteidigern der Redeweise vom Leben als Schaden meist gelöst, indem der behandelnde Arzt zur Verantwortung gezogen wird. Falls er eine Schädigung des Fetus hätte diagnostizieren können, er aber die Diagnose unterlassen, fehlerhaft durchgeführt oder die Schwangere nicht korrekt über diagnostische Möglichkeiten aufgeklärt hat, wäre das Verschulden auf seiner Seite.

Falls nun der Schaden durch das Leben direkt beim Kind identifiziert wird, gilt als Vergleichszustand tatsächlich die Nicht-Existenz. Entsprechend wird behauptet, dass das Leben qualitativ so schlecht sei, dass es vergleichsweise *besser* gewesen wäre, es wäre gar nicht in die Welt gebracht worden. Natürlich kann dabei unter »Leben« nicht die bloße biologische Existenz gemeint sein, denn Überlegungen bezüglich der Lebens*qualität* können sich nur im Kontext eines persönlichen Lebens mit seinen Erlebnissen, Tätigkeiten und den anderen Elementen des Daseins stellen. Das Leben als Schaden wird demnach aufgefasst als ein Leben, das in seinen persönlichen Elementen derart schlecht – also eingeschränkt und qualvoll – ist, dass die Nicht-Existenz vorzuziehen wäre. Genauso wie am Ende eines Lebens die Überlegung angestellt werden kann, ob der Tod nicht gegenüber einer weiterbestehenden Existenz vorzuziehen wäre, soll dieselbe Abwägung nun auf den Lebensbeginn verlagert werden. So verstanden erscheint die Rede von einer Schädigung *durch* das Leben zwar verständlich, aber nach wie vor wenig überzeugend. Denn am Ende des Lebens nimmt der Betroffene selbst eine Bewertung seines Lebens vor, am Lebensbeginn ist das nicht möglich. Wer wollte sich aber anmaßen, ein Urteil über die Lebensqualität eines anderen zu sprechen, wonach sie schlechter als der Tod ist? Zudem könnte erneut entgegengehalten werden, dass das Ins-Leben-bringen selbst niemals eine Schädigung darstellen kann – sei das gelebte Leben auch noch so stark beeinträchtigt.

Der Schaden kann jedoch auch auf Seiten der Eltern identifiziert werden. Zur besseren Unterscheidung wird hier von »**Kind als Schaden**« (*wrongful birth*) gesprochen. Die Situation der Eltern verschlechtert sich angeblich durch die Geburt eines schwerbehinderten Kindes. Die Schwangere hätte sich zu einer Abtreibung entscheiden können, wenn sie über die Schädigung des Fetus informiert gewesen wäre. Diese Interpretation von Leben als Schaden scheint zwar verständlich, ethisch aber äußerst bedenklich. Schließlich ist der Arzt nicht verantwortlich für die Behinderung des Kindes. Zwar sollte er zweifelsohne seinen Aufklärungspflichten nachkommen. Aber die Geburt eines behinderten Kindes kann auch bei Pflichtverletzungen auf Seiten der Ärzteschaft nicht als Schaden, höchstens als Unglück gelten. Niemand trägt Schuld an einer solchen Behinderung. Hinzu kommt natürlich der vollkommen berechtigte Vorwurf von Menschen mit Behinderung, die sozialen Folgen einer solchen Redeweise seien gravierend. Selbst die Rede von einem Unglück im Zusammenhang mit der Geburt eines behinderten Kindes verkennt die tatsächlichen Möglichkeiten und

Fähigkeiten Behinderter und die Freude, die für die Eltern im Zusammenleben mit ihrem Kind trotz einer Behinderung möglich ist. Ob aus der Perspektive der Eltern die Geburt eines behinderten Kindes als Schaden gesehen wird, ist eine Frage der subjektiven Einstellung der Eltern, ob sie also bereit sind, ihr Kind anzunehmen. Zwar sind ablehnende Reaktionen der Eltern nicht einfach zu verdammen, aber die Rede von einem Leben als Schaden wird dadurch nicht gerechtfertigt.

3.4 Schwangerschaftsabbruch

Allein in Deutschland werden jedes Jahr mehr als 100 000 Abtreibungen vorgenommen. Im Jahr 2001 wurden 135 000 Schwangerschaftsabbrüche dem Statistischen Bundesamt gemeldet, die tatsächliche Zahl liegt wahrscheinlich noch höher. Man kann sich leicht ausmalen, in welcher Größenordnung die Zahlen weltweit liegen. Wird hier Massenmord an Unschuldigen betrieben, wie das manche Kirchenvertreter einschätzen? Oder wird nur das Selbstverfügungsrecht von Frauen ausgeübt, getreu dem Slogan »Mein Bauch gehört mir!«?

Der gesellschaftliche Zündstoff, der in solch unvereinbar aufeinandertreffenden Überzeugungen liegt, entlädt sich von Zeit zu Zeit in heftigen Debatten, in Deutschland zuletzt über das päpstliche Verdikt gegen den Beratungsschein. Hierzulande werden die Auseinandersetzungen glücklicherweise im Großen und Ganzen friedlich ausgetragen. In den USA hingegen sprechen bisweilen sogar die Waffen; so mancher Arzt, der Schwangerschaftsabbrüche durchführt, hat bereits sein Leben gelassen. Auch das Urteil des Bundesverfassungsgerichts von 1995 zur Neufassung des § 218 verschafft keine Grundlage für ein Ende der Diskussion. Denn die nun in Kraft befindliche Regelung nach der Formel »rechtswidrig, aber straffrei« bietet keinen überzeugenden Kompromiss. Das Recht ist offensichtlich nicht immer in der Lage, einen zugrunde liegenden ethischen Streit zu befrieden.

Die Debatte um die moralische Bewertung von Schwangerschaftsabbrüchen dreht sich um die beiden in diesem Kapitel bereits abgehandelten Themen: moralischer Status und Wert des Lebens. Dennoch ergeben sich neue Gesichtspunkte aus der spezifischen Situation einer Schwangerschaft, nämlich der Tatsache, dass ein Fetus im Körper einer Frau heranreift.

Eine eindeutige ethische Beurteilung ist offenbar deshalb so schwierig, weil zwei – für sich allein jeweils gerechtfertigt und wesentlich erscheinende – Werte in Konflikt liegen: der Wert des Lebens und der Wert der Autonomie. Beide sind elementare Bestandteile der modernen Moral, zumindest in allen liberalen Staaten. Die »Lebensschützer« berufen sich – wie der Name schon sagt – auf das Leben als höchstes zu schützendes Gut, die liberale Gegenseite auf die individuelle Selbstbestimmung. Im englischen Sprachraum werden die Konfliktparteien unter den Labels »pro-life« und »pro-choice« geführt, in Deutschland wird häufiger von Konservativen und Liberalen gesprochen. Beide Klassifikationen sind mit Vorsicht zu genießen, denn sie verwischen bisweilen wichtige Feinheiten. Einfach gesagt stufen Konservative den Lebensschutz höher ein als die Selbstbestimmung, die Liberalen umgekehrt.

Einige Konservative scheinen der Ansicht zu sein, in der **Menschenwürde** biete sich ein aller Moral und Recht axiomatisch zugrunde liegendes Konzept, mit dem der Streit entschieden werden könne. Jedem Menschen komme Würde zu und aus diesem grundlegenden Prinzip folge zwingend ein Verbot der Abtreibung. Neben dem Säulenheiligen der deutschen Moralphilosophie, Immanuel Kant, werden als Gewährsleute die Frauen und Männer des Parlamentarischen Rats beansprucht, die das deutsche Grundgesetz verfassten. Gleich im ersten Artikel heißt es bekanntlich: »Die Würde des Menschen ist unantastbar. Sie zu achten und zu schützen ist Verpflichtung aller staatlichen Gewalt.« Wenn dem Fetus eine solche Würde zukommt, dann sicherlich ebenso der Schwangeren. So ist offenbar nichts gewonnen, denn nun steht im Abtreibungskonflikt Menschenwürde gegen Menschenwürde, und beide sind gleichwertig.

Darüber hinaus gelten auch Ausnahmen vom Tötungsverbot. In einigen Situationen würden sogar strikte Konservative einen Schwangerschaftsabbruch dulden. So sind Fälle gang und gäbe, in denen die Tötung des Fetus die Nebenfolge eines notwendigen medizinischen Eingriffs darstellt. Wenn beispielsweise die werdende Mutter an Gebärmutterkrebs leidet und dieser eine Hysterektomie, also die Entfernung der Gebärmutter erfordert, so wird dies unter Berufung auf das der katholischen Moraltheologie entstammende so genannte **Prinzip der Doppelwirkung** gerechtfertigt. Die schlechte Konsequenz einer Handlung wird hier als nicht-intendierte Nebenfolge entschuldigt.

Dieses Prinzip ist von verschiedenen Seiten kritisiert worden. Insbesondere Bioethiker, die eine konsequentialistische Moraltheorie vertreten, stoßen sich an dem Bezug auf Handlungsabsichten. Ob nun die schlechte Folge beabsichtigt sei oder nicht, sie sei jedenfalls bekannt. Letztlich käme es auf eine Abwägung der guten und schlechten Konsequenzen von Handlungen an und nicht auf die Handlungsabsichten.

Anders liegt der Fall bei Tötungen, die bei auftretenden schwerwiegenden Komplikationen durchgeführt werden, etwa bei konkreter Lebensgefahr für die Schwangere. Falls beispielsweise die Gebärende während der Wehen in Todesgefahr gerät, aber durch eine Kraniotomie – also die Zertrümmerung des Schädels beim Säugling – ihr Leben gerettet werden könnte, dann wäre dies nach dem Prinzip der Doppelwirkung *nicht* gerechtfertigt, denn die Tötung des Fetus würde zum direkten Mittel werden, um das Leben der werdenden Mutter zu retten.

Gleiches gilt für den gezielten Fetozid bei einer Mehrlingsschwangerschaft, die mit Risiken für die Schwangere einhergeht. Konsequenterweise würden einige Konservative in diesen Fällen beide – Schwangere und Kind – sterben lassen. So schrecklich diese Fälle im Einzelfall sein mögen, die meisten würden wohl darin übereinstimmen, dass das Leben der Mutter zumindest beim direkten Konflikt mit dem Leben des Kindes höher zu bewerten wäre.

Auf der Gegenseite stehen Argumente der Liberalen. Einige von ihnen, insbesondere Feministinnen, wollen den Konflikt über die Statusfrage des frühen menschlichen Lebens vermeiden und versuchen, aus der besonderen Situation einer Schwangerschaft Gründe für den generellen Vorrang des **Autonomieprinzips** zu begründen. Diese Strategie ist insofern aussichtsreicher, als es sich bei der Frage, ob bereits der befruchteten Eizelle Menschenwürde zukomme, am Ende um eine Art Glaubensfrage zu handeln scheint. Sie behaupten, dass das Tötungsverbot nur fordere, bestimmte Handlungen zu unterlassen, nicht aber alles zu tun, um jemand am Leben zu halten. Konkret auf die Abtreibungsfrage gewendet hieße das, dass die Schwangere dem Fetus durch einen Abbruch die lebenserhaltende Unterstützung entziehen darf, ohne damit gegen das Tötungsverbot zu verstoßen. Drastisch ausgedrückt verweigert sie in dieser Sichtweise einen zwar lobenswerten, aber nicht verpflichtenden Dienst am Leben.

Diese Argumentation verkennt allerdings die individuelle Verantwortlichkeit für eine Schwangerschaft. Zwar ist es richtig, dass es Situationen gibt, in denen man nicht verpflichtet ist, anderen zu helfen, auch wenn deren Leben auf dem Spiel steht. Insbesondere die eigenen Kosten stehen entgegen. Man muss eben nicht unter allen Umständen sein eigenes Wohl für das Leben eines anderen opfern. Aber bei der Schwangerschaft liegt eine Abhängigkeit des Fetus vor, die im Normalfall in den Verantwortungsbereich der werdenden Eltern fällt. Der Fetus ist nicht zufällig oder zwangsweise – außer in Fällen wie etwa einer Vergewaltigung – in ihren Bauch geraten, daher kann die Aufrechterhaltung der notwendigen lebenserhaltenden Umgebung auch nicht als Handlung einer »barmherzigen Samariterin« interpretiert werden, sondern muss durchaus als moralische Pflicht gelten.

Trotz dieser Einwände scheint eine liberale Sicht insgesamt überzeugender, weil der moralische Status des werdenden Lebens nicht derselbe ist wie der eines erwachsenen Menschen. Hinzu tritt im besonderen Fall der Schwangerschaft die Tatsache, dass der Fetus in der Schwangeren heranreift und sie daher in einer besonderen Beziehung zu ihrer Leibesfrucht steht, die besondere Pflichten, aber auch Rechte ihm gegenüber nahe legt.

Der Streit um die Abtreibung hat also wenig Aussicht auf eine einvernehmliche Lösung, weil ihm zum einen die äußerst strittigen Fragen nach dem Status des frühen menschlichen Lebens und dem Wert des Lebens zugrunde liegen. Jemand, der von der Heiligkeit des »nackten« menschlichen Lebens überzeugt ist oder der im Fetus bereits ein gleichwertiges moralisches Gegenüber sieht, wird sich kaum mit seinem Opponenten einigen können.

Für eine funktionierende und begründete Sozialmoral ist allerdings gefordert, dass Konfliktlösungen gefunden werden, denen jeder – zumindest nach vernünftigem Nachdenken – zustimmen könnte. Da nicht jeder von der Heiligkeit der biologischen Existenz überzeugt ist und kein objektiver Nachweis dieses Wertes geführt werden kann, da zudem die Beantwortung der Statusfrage von uns selbst abhängt, müsste in einer gesellschaftlich geltenden Moral – die zudem über Sanktionen abgesichert ist – Abtreibung zumindest in den ersten Monaten der Schwangerschaft als erlaubt gelten. Nur, wie gesagt, in diesen Fragen kann kaum auf Vernünftigkeit gepocht werden.

Hinzu tritt der direkte Konflikt zwischen dem Prinzip des

Lebensschutzes und der Achtung der individuellen Autonomie. Auch hier ist wohl keine Lösung denkbar, denn es existieren keine übergeordneten Prinzipien, die einen Vorrang begründen könnten. Das mag ein pessimistischer Ausblick sein. Doch der Vorteil dieser offenen Situation besteht gerade in ihrer Unabgeschlossenheit. Einigung führt zu Stillstand, nur Streit ermöglicht eine fortgesetzte Debatte. Und die scheint notwendig, um das Bewusstsein für moralische Probleme zu schärfen.

3.5 Euthanasie

Ähnlich starke Emotionen erzeugt die Diskussion um Hilfe zum Freitod, Sterbehilfe und **Euthanasie**. Gerade der letztgenannte Ausdruck wird hierzulande aus bekannten Gründen weitestgehend vermieden. Doch die Nationalsozialisten hatten ihre Vernichtungsaktionen *gegen* den eigentlichen Wortsinn – der »guter Tod« oder »Tod zum Wohl des Sterbenden« lautet – euphemistisch als Euthanasie bezeichnet. Die moralischen Probleme werden außerdem durch Sprachpolitik nicht aus der Welt geschafft. Muss das Leben unter allen Umständen erhalten werden? Darf ein Arzt jemals töten? Gibt es einen moralisch relevanten Unterschied zwischen dem Sterbenlassen und dem Töten? Ist es möglich, stellvertretend für andere über Leben und Tod zu entscheiden? Im Krankenhaus stellen sich solche Fragen tagtäglich.

In der bioethischen Diskussion werden sowohl prinzipielle Argumente bezüglich der Mittel und Zwecke von Sterbehilfe als auch solche bezüglich der schlechten Folgen der Sterbehilfepraxis – also Dammbruchargumente – vertreten. Euthanasie wird üblicherweise nur dann überhaupt erwogen, wenn eine so genannte infauste Prognose vorliegt, die therapeutischen Mittel also an ihre Grenzen stoßen und der Tod nahe ist. Am

Lebensende betrifft dies Sterbende, Personen im Endstadium einer schweren Krankheit sowie Menschen im irreversiblen Koma, am Lebensbeginn Kinder mit schwersten nicht behandelbaren Krankheiten oder Missbildungen. Einige Bioethiker diskutieren über Sterbehilfe auch in Bezug auf Patienten, bei denen eine schwere Krankheit wie etwa Chorea Huntington noch in einem relativ frühen Stadium vorliegt. Dies vorweggeschickt, müssen einige wesentliche Differenzierungen beachtet werden, um die vorgebrachten Argumente angemessen beurteilen zu können.

Eine wichtige Unterscheidung besteht zwischen **aktiver** und **passiver** Euthanasie oder Sterbehilfe. Während die erste ein Herbeiführen des Todes beinhaltet, lässt man bei letzterer den Tod geschehen, man nutzt also nicht alle vorhandenen Möglichkeiten, gegen ihn anzukämpfen. Die aktive Sterbehilfe gilt nicht nur weithin als moralisch verwerflich, sondern ist auch nahezu weltweit gesetzlich verboten, während die passive Sterbehilfe durchaus häufig praktiziert wird.

Allerdings ist diese Differenzierung in vielen Fällen schwierig durchzuhalten. Bedeutet das Abschalten eines Beatmungsgeräts ein aktives Töten oder ein passives Sterbenlassen? Einige Bioethiker sehen hier keinen ethisch bedeutsamen Unterschied. Wenn man ein schwerstbehindertes Neugeborenes, für das keine Heilungschancen bestehen, dessen Lebenserwartung nur bei einigen Tagen liegt und dessen Zustand mit starken, nur eingeschränkt zu lindernden Schmerzen einhergeht, sterben lassen darf – also nicht alles zur Lebensverlängerung tun muss –, warum, so fragen sich manche, darf man es dann nicht auch aktiv töten? Wäre das nicht moralisch gesehen sogar *besser*, da es das sinnlose Leiden des Kindes verkürzt?

Situationen, in denen eine Ärztin einen Patienten sterben lassen darf, ja nach der Meinung vieler sogar sollte, gibt es zuhauf. Wenn beispielsweise ein Aidskranker verfügt, er wünsche im Falle einer lebensbedrohlichen zusätzlichen Erkrankung, etwa einer Lungenentzündung, keine Behandlung, dann muss die Ärztin sich in ihrem Handeln daran halten. Denn der Patient verweigert in diesem Beispiel die notwendige Zustimmung zu einer Heilbehandlung – das ist Bestandteil der Patientenautonomie. Daher muss die Ärztin in einigen Fällen die Behandlung unterlassen, auch wenn der Tod des Patienten die sichere Folge ist.

Weiterhin wird von **indirekter Sterbehilfe** gesprochen. Schmerzmittel wie Morphium, die gerade in den terminalen Krankheitsstadien verstärkt zum Einsatz kommen, haben in großen Dosen den weithin bekannten Nebeneffekt, das Leben zu verkürzen. Ist also die Verabreichung von Medikamenten unter diesen Umständen als aktive Sterbehilfe zu begreifen, weil das Sterben beschleunigt wird? Nein, sagen etwa Moraltheologen unter Berufung auf das bereits erwähnte Prinzip der Doppelwirkung. Die Beschleunigung des Sterbeprozesses ist demzufolge eine indirekte und nicht beabsichtigte Folge der üblichen medizinischen Behandlung und keineswegs ein Mittel zum Zweck, das Leben zu verkürzen. Sie ist also auch nach Auffassung von Vertretern eines strikten Lebensschutzes erlaubt.

Da Ärzte um den genannten Nebeneffekt wissen, könnte allerdings dieser auch bewusst genutzt werden. Falls nämlich die Ärztin der Ansicht ist, es wäre gut für die Patientin, möglichst schnell zu sterben, um nicht unnötig lange Qualen erleiden zu müssen, kann der hauptsächliche Zweck der Verabreichung von Medikamenten in der Beschleunigung des Todes liegen. Dies, so Kritiker des Prinzips der Doppelwirkung, weist auf dessen Schwäche hin. Die moralische Bewertung einer Handlung wird in den subjektiven Bereich der Absichten gelegt und damit die eigentlich relevante Frage vermieden: Ob es nämlich im Interesse eines Sterbenden sein kann, lieber früher als später dahinzuscheiden, und ob eine Ärztin befugt ist, dieses Interesse zu verwirklichen. Falls dem so wäre, sei die Unterscheidung zwischen indirekter und direkter Sterbehilfe letztlich *moralisch* gesehen irrelevant.

Im vorher betrachteten Fall war die Einwilligungsfähigkeit des Patienten unterstellt. Wenn die Ärztin den lebensmüden Aidskranken sterben lässt, handelt es sich also um *freiwillige* passive Sterbehilfe. Damit ist eine zusätzliche Unterscheidung eingeführt, die zwischen **freiwilliger** und **nichtfreiwilliger Sterbehilfe**. Die nichtfreiwillige Euthanasie muss strikt unterschieden werden von **unfreiwilliger** »Euthanasie«. Diese bezeichnet ein Herbeiführen oder Geschehenlassen des Todes *gegen* den Willen des Sterbenden. Selbstverständlich ist eine solche Art der »Sterbehilfe« unter allen Umständen verboten. Dies war auch die Vorgehensweise der Nationalsozialisten; sie hatten Kranke und Behinderte *gegen* deren Willen getötet. Solche Praktiken verdienen weder den Namen Sterbehilfe noch Euthanasie, sind vielmehr die schärfsten Zuwiderhandlungen gegen das Selbstbestimmungsrecht von Menschen, die man sich vorstellen kann, nämlich Mord.

Mit **nichtfreiwilliger Euthanasie** meint man demgegenüber ein Herbeiführen oder Geschehenlassen des Todes, bei dem die Sterbende selbst nicht oder nicht mehr in der Lage ist, ihren Willen zu äußern – üblicherweise weil sie komatös oder dement oder weil sie gerade erst auf die Welt gekommen ist. Dann stellt sich die äußerst heikle Frage, ob von einer Außenperspektive festgestellt werden kann, dass der Tod gut oder zum Wohl des Betroffenen ist. Viele würden sagen, dass dies niemals möglich ist, schlimmer: dass man sich dabei ein Urteil über den Lebenswert anderer anmaßt. Die Gefahren einer solchen Praxis liegen auf der Hand.

Doch insbesondere in der Neonatalmedizin kennt man Krankheiten, die schwere Leiden hervorbringen und keinerlei Heilungschancen besitzen, sodass es zumindest in Einzelfällen möglich scheint, es sei im vorrangigen Interesse der Patienten, so schnell wie möglich zu sterben. Damit ist selbstverständlich keine Aussage der Art getroffen, es handele sich um einen lebens*unwerten* Menschen. Vergleiche mit nationalsozialistischer Politik sind absolut fehl am Platze.

Im Krankenhausalltag existieren Situationen, in denen tatsächlich nichtfreiwillige Sterbehilfe betrieben wird. Wenn beispielsweise bei einer Person, die ihren Willen nicht mehr bekunden kann, oder bei einem Neugeborenen, das seinen Willen nie bekunden konnte, von einer lebensnotwendigen Operation oder möglicher Wiederbelebung abgesehen wird, dann handelt es sich dabei um Beispiele *nichtfreiwilliger passiver* Sterbehilfe. Sie gilt nicht unter allen Umständen als illegitim. Auch bei Personen im irreversiblen Koma ist häufiger schon erwogen worden, die lebenserhaltenden Apparaturen abzustellen, was in einigen Fällen auch geschah. Eine Qualifizierung kommt allerdings ins Spiel, wenn die so genannte Basisbetreuung betroffen ist, welche unter anderem aus Ernährung, Schmerzlinderung und Körperpflege besteht. Sie darf nach weit verbreiteter Meinung niemals entzogen werden.

Das Verdikt gegen aktive Tötungen im Namen des Patientenwohls bezieht sich auch auf eine Praxis, die nicht eindeutig in den Bereich der aktiven Euthanasie fällt, aber für viele bereits den Weg in den moralischen Abgrund bahnt. Die Rede ist von der **Hilfe zur Selbsttötung** oder auch dem ärztlich assistierten Freitod (*physician-assisted suicide*). Sie liegt vor, wenn ein Arzt einer Patientin absichtlich die Mittel – beispielsweise ein Gift – bereitstellt, mit denen sie dann selber ihrem Leben ein Ende setzt. Viele Kranke können sich aufgrund physischer Einschränkungen nicht ohne Hilfe töten, und der Arzt könnte es deshalb als erforderlich ansehen, seine Patientin bei der Erfüllung ihres Plans zu unterstützen.

Die ethische Bewertung der Hilfe zum Freitod hängt natürlich zunächst von der Beurteilung des Freitods ab. Ist man der Meinung, es gebe kein Recht dazu, dann ist auch die Verschaffung der Mittel verboten. Darüber hinaus könnte argumentiert werden, es sei – selbst wenn man den Freitod erlaube – niemandem und gerade einem Arzt nicht gestattet, Lebensmüden bei ihrem Vorhaben zu helfen. Dann entbrennt ein Streit über die genaue Ausformulierung der ärztlichen Fürsorgepflichten. Diese *widersprechen* nach Ansicht einiger Bioethiker zumindest nicht der Hilfe zum Freitod.

Eine Minderheit würde darüber hinaus sogar die **Tötung auf Verlangen** durch den Arzt für gerechtfertigt halten, nämlich im Falle autonomer Patienten, die selbst den Tod wünschen. Sie sehen also die **freiwillige aktive Sterbehilfe** in Übereinstimmung mit der Rolle des Arztes. Denn, so wird argumentiert, solange Ärzte das Wohl der Patienten zu ihrem Handlungszweck erklären und ein Patient in Übereinstimmung mit dem Urteil des Arztes sein Wohl im eigenen Tod sieht, dann *dürfen* Ärzte – wenn sie auch nicht dazu verpflichtet sind – den Sterbewilligen töten.

Dem Sterbewillen entscheidungsfähiger Personen zu entsprechen, scheint der Forderung nach Achtung individueller Autonomie geschuldet. In den Niederlanden werden daher Tötungen, die von Ärzten vorgenommen werden, unter strengen Bedingungen geduldet. Seit April 2001 ist diese Praxis auch rechtlich geregelt. Demnach bleibt aktive Euthanasie verboten, es wird aber von einer Strafverfolgung abgesehen, wenn bestimmte Sorgfaltskriterien eingehalten werden. Der Arzt muss unter anderem überprüfen, ob der Sterbewillige tatsächlich unerträglich leidet und sein Zustand aussichtslos ist. Zudem muss mindestens ein zweiter Arzt hinzugezogen werden. In Belgien wurde ein ganz ähnliches Gesetz im Mai 2002 verabschiedet.

Die Folgen einer solchen sozialen Praxis des geregelten Tötens durch Mediziner sind noch nicht hinreichend abzusehen, allerdings sprechen viele Indizien gegen eine Ausweitung auf andere Länder. Ein großer Unterschied des holländischen Gesundheitssystems beispielsweise zum deutschen besteht in der weiten Verbreitung von »echten« Hausärzten. Die Ärzte dort kennen ihre Patientinnen wesentlich besser und sind daher eher in der Lage, deren Todeswunsch angemessen zu beurteilen.

Damit ist zum Abschluss auch ein Argument gegen die generelle Freigabe der Tötung auf Verlangen angesprochen, das selbst einige der Bioethiker überzeugt, die keine prinzipiellen Gründe gegen die aktive Euthanasie sehen. Wenn nämlich das Töten zur sozialen Praxis wird, dann könnte das einem **Dammbruch** gleichkommen, bei dem Tabus weggerissen werden, die durch das Tötungsverbot aufgebaut worden sind. Die Erfahrungen in Holland zeigen, dass Tötungen nicht mehr nur am absoluten Ende des Lebens zur Sterbeerleichterung vorgenommen werden, sondern darüber hinaus auch Tötungen ohne ausdrückliches Verlangen. Allein 1990 gab es nahezu 1000 Fälle von nichtfreiwilliger aktiver Euthanasie. Diese erschreckende Zahl muss zwar relativiert werden, da in der Statistik einige Fälle auftauchen, bei denen die übliche Schmerzbehandlung Einwilligungsunfähiger *auch* zur Beschleunigung des Todes geschah. Doch kann damit das Unbehagen nicht gänzlich beseitigt werden.

Viele Kritiker der Tötung auf Verlangen sehen außerdem die Gefahr, dass Patienten einem verdeckten gesellschaftlichen Druck ausgesetzt werden, ihr Leben abzukürzen. Ob der geäußerte Todeswunsch authentisch oder manipuliert ist, bleibt manchmal im Dunkeln. Wenn dann auch noch die hohen Kosten der medizinischen Behandlung am Lebensende ins Spiel gebracht werden, könnte eine »Pflicht zu sterben« nicht mehr weit sein. Und tatsächlich diskutieren einige Bioethiker bereits ernsthaft darüber. Zwar bemisst sich – wie bei allen Dammbruchargumenten – die Stärke dieser Bedenken an der tatsächlichen Wahrscheinlichkeit der kritisierten Folgen. Die bisher gemachten Erfahrungen lassen aber in der Tat unerwünschte Konsequenzen befürchten.

Zusammenfassend kann festgehalten werden, dass freiwillige passive Sterbehilfe in allen Fällen, nichtfreiwillige passive Sterbehilfe jedoch nur in einigen moralisch erlaubt zu sein scheint. Nicht alles, was getan werden *kann*, *muss* getan werden. Aktive Sterbehilfe wäre demgegenüber in allen ihren Formen verboten. Allerdings sind solche Pauschalurteile nur als Daumenregeln hilfreich. Moralisch gesehen wirkt die Differenz zwischen aktiver und passiver Euthanasie in einigen Extremfällen schwersten Leids nur noch sophistisch und ein Beharren darauf möglicherweise sogar zynisch. Es ist daher nicht möglich, eine eindeutige Grenze zwischen erlaubten und verbotenen Formen der Euthanasie aufzubauen, die für jeden Einzelfall angemessene Resultate liefern.

4 Gerechtigkeit in der Solidargemeinschaft

Gesundheit ist eines der höchsten menschlichen Güter. Es wird durch die Solidargemeinschaft geschützt, indem wohlfahrtsstaatliche Leistungen zur Verfügung gestellt werden. Diese sollen für jeden Bürger die Gesundheitsfürsorge garantieren. Fraglich ist allerdings, ob heute noch alles finanziert werden kann, was medizinisch machbar ist. Wenn Rationalisierungen nicht mehr ausreichen, muss über Rationierungen, also Begrenzungen medizinischer Leistungen nachgedacht werden. Damit stellt sich die Frage nach der Gerechtigkeit. Nach welchen Kriterien sollen die Einschränkungen vorgenommen werden?

Besonders dringlich sind die Verteilungsprobleme im Bereich der Transplantationsmedizin. Die Knappheit der Organe zeitigt schwerwiegende Folgen für die Betroffenen, die mit Hilfe verschiedener Strategien gemildert werden könnten.

Im Jahr 1987 starb der siebenjährige Coby Howard an Leukämie. Ein Tod, so könnte man meinen, wie viele andere auch; traurig, aber letztlich nicht zu verhindern. Die medizinische Kunst stößt leider häufig an Grenzen des Machbaren. Bei Coby allerdings lag die Sache ein wenig anders. Die medizinischen Möglichkeiten waren keineswegs ausgeschöpft. Seine letzte Chance bestand in einer Knochenmarkstransplantation. Doch im US-amerikanischen Staat Oregon, wo sich dieser Fall zutrug, war kurz zuvor beschlossen worden, Transplantationen aus den gemeinschaftlich garantierten Gesundheitsleistungen zu streichen. Coby und seine Eltern waren nicht reich und so konnten sie die enormen Kosten nicht selbst tragen. Also wurde die möglicherweise lebensrettende Operation gar nicht erst versucht. Coby starb.

Ein Schicksal, das anscheinend allen ethischen Grundsätzen Hohn spricht. Hat nicht jeder Mensch ein Recht auf Leben, unabhängig von seinem Einkommen? Sollte nicht alles Menschenmögliche getan werden, um ein Leben zu retten, gerade das eines Kindes? Dürfen Gesundheitsleistungen wirklich beschnitten werden?

Es wäre schön, könnte man diese Fragen vermeiden. Aber sie stellen sich überall, nicht nur in den USA. Wir leben nicht in einem medizinischen Schlaraffenland, in dem Medikamente und ärztliche Leistungen im Überfluss zur Verfügung stehen. Vielmehr sind sie knappe Güter. Deshalb muss die Frage gestellt werden, wie die Gesundheitsfürsorge *gerecht* gestaltet werden kann. Und dazu gehört eine Diskussion darüber, welche Leistungen möglicherweise vorenthalten werden können, welche Rationierungen gerechtfertigt sind. In Deutschland findet leider keine offene Debatte statt, die politische Rhetorik verlangt, dass die Notwendigkeit von Rationierungen im Medizinbetrieb bestritten wird. In der Praxis gibt es sie aber bereits, selbst Fälle wie Coby Howards sollen sich hierzulande schon zugetragen haben (*Die Zeit*, 12. 2. 1998). Nur werden sie nicht offengelegt und meist hinter angeblich objektiven, rein medizinischen Gründen versteckt. Man kann ein Medikament oder eine medizinische Leistung auch verweigern, indem man eine angebliche medizinische Nutzlosigkeit vorschiebt.

4.1 Gesundheit und Gerechtigkeit

Am Anfang der Diskussion über soziale Gerechtigkeit im Gesundheitswesen steht die Frage nach dem **Wert der Gesundheit**. Gesundheit ist offenbar für die meisten Menschen nicht einfach ein Gut wie andere auch. Die Frage, für wie viel Geld sie denn ihre Gesundheit hergeben würden, erscheint vielen als anstößig. Beispielhaft zeigt sich diese Auffassung, wenn die Ökonomisierung des Gutes Gesundheit kritisiert wird, wie sie sich etwa im internationalen Organhandel zeigt. Gesundheit dürfe nicht auf dem Markt gehandelt werden.

Ob wir unsere Lebensziele erreichen und welche Chancen wir gegenüber anderen haben, hängt zu einem Gutteil von unserer Gesundheit ab. Sie ist die Voraussetzung für die meisten menschlichen Tätigkeiten und hat daher instrumentellen Wert. Gesundheit ist aber auch von intrinsischem Wert; fehlt sie, so leidet man. Schon in der Redeweise vom *Erleiden* einer Krankheit steckt diese Sichtweise.

Gesundheit ist also ein wesentlicher Wert. Nun kann man weiter fragen, ob es ein Recht auf Gesundheit gibt. Viele behaupten, es gebe ein solches Recht, und in einigen Gesetzestexten ist es niedergelegt. Allerdings kann die Rede von einem Anspruchsrecht auf Gesundheit seltsam klingen, denn das Vorliegen einer Krankheit und damit mangelnde Gesundheit bildet an sich ja keine Rechtsverletzung. Die *Nichtbehandlung* einer Krankheit kann allerdings die Verletzung eines Individualrechts darstellen. Mit dem Recht auf Gesundheit ist also ein Recht auf Schutz der Gesundheit gemeint, oder genauer: ein **Recht auf Gesundheitsfürsorge**.

Zunächst kann darunter ein moralisches Recht verstanden werden; man kann die Frage, ob es ein Recht auf Gesundheitsfürsorge gibt, aber auch in Bezug auf ein juridisches Recht stellen. Doch warum sollten überhaupt moralische Ansprüche auf Gesundheitsfürsorge anerkannt werden? Es mag ja sein, so könnte entgegengehalten werden, dass Gesundheit wertvoll ist, aber die Solidargemeinschaft sei nicht dafür zuständig, diese zu sichern. In dieser Sichtweise beschränken sich die Aufgaben einer politischen Gemeinschaft auf die Wahrung negativer Freiheitsrechte. Kurz, nur die individuelle Freiheit gilt es zu schützen, Fürsorgeleistungen sind nicht einklagbar, sondern in freiem Tauschhandel zu erwerben. Wem dazu die Mittel fehlen, erwirbt nicht automatisch einen Anspruch auf staatliche Finanzierung. Ein solch libertäres Verständnis mag nur von einer Minderheit vertreten werden, in der Debatte über Gerechtigkeit in der Medizin ist es aber durchaus zu finden. Unbefriedigend bleibt es, weil der Wert der individuellen Freiheit sich nur zeigt, wenn auch deren Ermöglichungsbedingungen geschaffen sind. Negative Freiheit – also die Abwesenheit von Zwang – zu sichern, kann auch bedeuten, Einschränkungen zu beseitigen, wie sie mit mangelnder Gesundheit einhergehen.

Die meisten würden daher sagen, dass jedes Gemeinwesen zumindest einen Mindeststandard an Hilfeleistungen gewährleisten müsse, um als in gerechter Weise organisiert zu gelten. Niemand dürfe im Stich gelassen werden, wenn er Not leidet und sich nicht selbst helfen kann. Die Idee der Solidarität verlange, neben Unterlassenspflichten auch genuine Hilfs- und Fürsorgepflichten anzuerkennen. Auf staatlicher Ebene schlägt sich diese Grundidee in den sozialen Rechten und in der Organisation des Wohlfahrtsstaats nieder. In Deutschland ist das Sozialstaatsprinzip sogar im Grundgesetz verankert.

Gesundheit ist ein grundlegendes menschliches Bedürfnis. Der Mensch braucht Gesundheit, um ein einigermaßen selbstbestimmtes Leben führen zu können. Ein solches Bedürfnis sollte nicht verwechselt werden mit einem starken Wunsch. Die Erfüllung von Wünschen kann nicht als Forderung der Gerechtigkeit gelten. Gesundheit bildet dagegen ein natürliches Bedürfnis, das sich aus dem biologischen Wesen des Menschen ergibt. Gerade die Sicherung solcher Bedürfnisse ist eine angemessene und dringliche Forderung der Gerechtigkeit. Wir haben nicht den Anspruch an ein Gemeinwesen, dass alles zur Verfügung gestellt wird, was wir uns zu unserem Glück wünschen. Aber immerhin können wir verlangen, dass das, was wir brauchen, gewährleistet und Leiden beendet wird, wo es in der menschlichen Macht steht.

Die Medizin verfolgt aber nicht nur das Ziel, bereits manifeste Krankheiten zu heilen oder das Ausbrechen von Krankheiten zu verhindern. Sie kann zumindest in einem Teilbereich als dienstleistender Zweig verstanden werden, der durch medizinische Maßnahmen zur individuellen Lebensverbesserung beiträgt. Für die jetzt zur Debatte stehende Frage der Gerechtigkeit ist bezüglich der nichttherapeutischen medizinischen Maßnahmen gleichwohl noch nichts entschieden, denn es mag vernünftige Gründe geben, generell die Beseitigung unerwünschter Zustände zu finanzieren, auch wenn diese keinen Krankheitscharakter haben. Doch die bloße Tatsache, dass hier *medizinische* Leistungen vorliegen, beinhaltet noch keinen allgemeinen Anspruch auf ihre Gewährleistung. Genuine Krankheitsbehandlungen hingegen dienen der Beseitigung leidvoller Zustände und bilden daher direkt gerechtigkeitsrelevante Maßnahmen. Die Besonderheit besteht darin, dass eine Krankheitsbehandlung nicht bloß der Beseitigung unerwünschter Zustände dient, sondern – im Gegensatz zu einigen anderen medizinischen Eingriffen – grundlegende menschliche Bedürfnisse betrifft.

In der Allgemeinen Erklärung der Menschenrechte heißt es im Artikel 25: »Jeder Mensch hat Anspruch auf eine Lebenshaltung, die seine und seiner Familie Gesundheit und Wohlbefinden einschließlich Nahrung, Kleidung, Wohnung, ärztlicher Betreuung und der notwendigen Leistungen der sozialen Fürsorge gewährleistet.« Hier wird deutlich, dass der Schutz der Gesundheit keineswegs nur medizinische Leistungen im engen Sinne erfordern kann, sondern soziale Maßnahmen weit darüber hinaus. Die individuelle Gesundheit wird nicht bloß durch medizinische Faktoren beeinflusst, sondern ebenso durch veränderliche Größen wie Bildung und Ernährung. Historisch gesehen waren wohlfahrtsstaatliche Schritte, beispielsweise die Verbesserung der Hygiene, zweifelsohne für die allgemeine Gesundheit und Lebenserwartung wesentlich wichtiger als die meisten Fortschritte der Medizin. Für die Frage nach der Gerechtigkeit folgt, dass nicht bloß medizinische Leistungen betroffen sind, wenn die Sicherung der Gesundheit zum Ziel erklärt wird. Demnach scheint alles, was der Verwirklichung des Bedürfnisses Gesundheit dient, ebenfalls in den Bereich der menschlichen Grundbedürfnisse zu fallen. Kann aber alles tatsächlich geleistet und zugesichert werden?

Selbst wenn man ein Recht auf Gesundheitsfürsorge zugesteht, bleibt noch offen, welches Ausmaß an Hilfsleistungen dieser Anspruch konkret generiert. Hat jeder Anspruch auf die *bestmögliche* medizinische Versorgung? Muss *alles* getan werden, was zugunsten der Gesundheit getan werden kann?

4.2 Rationierung

Die Mittel, Gesundheit zu erreichen, können sich erheblich unterscheiden. Beispielsweise gibt es verschiedene Psychopharmaka, die bei der Behandlung psychischer Erkrankungen verwendet werden. Inzwischen erhältliche neue Medikamente dieser Art haben wesentlich weniger Nebenwirkungen als die bisherigen. Wollte man das Bestmögliche für die Gesundheit psychisch kranker Patienten tun, dürfte man nur noch die neuen Medikamente verschreiben. Aber diese sind erheblich teurer. Selbst wenn also das Ziel gerechter Gesundheitsfürsorge bestimmt ist – nämlich der Schutz individueller Gesundheit –, so ist damit noch nicht der Weg dahin bestimmt.

Wären die medizinischen Mittel unbegrenzt, lebten wir im

medizinischen Schlaraffenland, dann könnte das Ziel der Gesundheitsfürsorge *für alle* auf dem *bestmöglichen Weg* erreicht werden. Aber das ist eine Illusion. Nicht alles, was getan werden *könnte*, kann auch getan werden. Das liegt an verschiedenen **Mängeln**. Mangel an Zeit – Ärzte können nicht dauernd für jeden da sein. Mangel an persönlichen Ressourcen – das Pflegepersonal kann nicht immer verständnisvoll und gut gelaunt sein. Und natürlich in erster Linie Mangel an ökonomischen Ressourcen – nicht jedes Medikament, nicht jede medizinische Behandlung kann finanziert werden.

Nun scheinen die ersten beiden Arten von Mängeln nicht veränderbar. Menschen können eben nicht unbegrenzt lange arbeiten und auch nicht immer perfekt funktionieren. Aber die finanziellen Mittel, so könnte man meinen, ließen sich in hinreichender Menge zur Verfügung stellen. Bei der Sicherung des Gutes Gesundheit sollte Geld nicht die Hauptrolle spielen. Die meisten Menschen wären durchaus bereit, auf Wohlstand zugunsten von Gesundheit zu verzichten. Nur, auf der anderen Seite wollen Menschen natürlich nicht auf *alles andere* zugunsten der Gesundheit verzichten. Gesundheit ist nicht das einzige geschätzte Gut.

Die demographische Entwicklung, aber paradoxerweise auch die Verbesserung der medizinischen Möglichkeiten führen zu einer immer weiter steigenden Verteuerung des Gesundheitssystems. Schätzungen besagen, dass in Deutschland die derzeit durchschnittlich bei circa 13,6 Prozent des Bruttolohnes rangierenden Abgaben an die gesetzliche Krankenversicherung in den nächsten 20 Jahren auf circa 30 Prozent steigen müssten, um das derzeitige Leistungsniveau zu halten. Ob dazu die Mehrheit noch bereit wäre, ist wohl zweifelhaft.

Müssen medizinische Leistungen also eingeschränkt werden? Damit wird die Frage nach der **Rationierung** aufgeworfen. Rationierung bedeutet das Vorenthalten oder Beschränken medizinisch sinnvoller beziehungsweise indizierter Maßnahmen. Der Begriff wird manchmal auch in anderen Bedeutungen verwendet, etwa in den Wirtschaftswissenschaften, wo er die staatliche Zuteilung von Gütern unterhalb der Marktpreise thematisiert. Im Kontext der Diskussion um die Begrenzung von Kosten in der Medizin wird er aber üblicherweise in dem genannten Sinn verwendet, wonach Leistungen limitiert werden.

Dabei ist der Begriff der »medizinisch sinnvollen« Maßnahmen nicht eindeutig; er kann eng verstanden werden als »medizinisch *notwendig*« oder weit als »medizinisch *nützlich*«. Die Verabreichung einer Kopfschmerztablette etwa kann einen medizinischen Nutzen haben, ist aber nicht notwendig. Allerdings ist häufig nicht besonders eindeutig, was wirklich notwendig ist, und somit ist es sicherlich sinnvoll, den Rationierungsbegriff weit zu verstehen, um ihn auf alles beziehen zu können, was in der Medizin als eigentlich angezeigt gilt.

Viele wollen die unangenehme Frage nach der Rationierung medizinischer Leistungen gerne vermeiden. Manche bestreiten gar, dass sie sich überhaupt stellt. Sie verweisen beispielsweise auf den angeblich nach wie vor vorhandenen Ausweg der **Rationalisierung**. Darunter versteht man die Sicherung der Wirkung medizinischer Maßnahmen und die Steigerung ihrer Wirkkraft. Medizinisch fruchtlose Behandlungen sollen aussortiert und die eingesetzten finanziellen Mittel auf effiziente Verfahren umgelenkt werden. Die so genannte evidenzbasierte Medizin versucht dieses Ziel umzusetzen. Aber es ist offensichtlich, dass selbst bei größtmöglicher medizinischer Effizienz Rationierungen unvermeidlich sind – ja, dass sie in der Medizin bereits stattfinden.

Eine weitere Alternative zur Rationierung, die in diesem Zusammenhang häufiger genannt wird, besteht darin, Prioritäten zu setzen. Zwar sind **Priorisierung** und Rationierung für viele durchaus dasselbe. Doch versteht man unter Rationierung die Beschränkung medizinischer Leistungen, dann muss die bevorzugte Behandlung einiger Krankheiten oder bestimmter Patienten nicht notwendigerweise mit einer Beschränkung der Leistungen für die Nachgeordneten einhergehen. De facto kann natürlich sowohl die Rationierung als auch die Priorisierung äußerst unangenehme Folgen für die Betroffenen zeitigen. Ähnlich wie bei der Triage, die in der Kriegs- und Katastrophenmedizin bekannt ist, würden zunächst bestimmte Patienten behandelt, wobei die anderen deshalb aber nicht weniger Ansprüche hätten. Die Bevorzugung begründet sich hierbei aus der extremen Knappheitssituation. Für die bei der Triage zunächst zurückgestellten Personen kann diese Praxis natürlich üble Folgen bis hin zum Tod haben, sodass vom Ergebnis her die Priorisierung und die Rationierung dasselbe bedeuten können. Und somit besteht die Gefahr, Rationierungen hinter den anscheinend harmloseren Priorisierungen zu verstecken.

Doch selbst wenn Rationalisierung und Priorisierung der Rationierung vorangestellt werden sollten, bleibt diese offenbar unumgänglich. Beschränkung ist nötig, will man nicht alle anderen gesellschaftlichen Güter wie Bildung oder Kultur dem Medizinbetrieb opfern. Können die nötigen Rationierungen wenigstens gerecht gestaltet werden? Eine wesentliche Voraussetzung einer fairen Gestaltung von Rationierungen besteht darin, dass sie **offen** geschehen. Im Augenblick werden viele Rationierungen **verdeckt** durchgeführt, indem nämlich entweder medizinische Gründe – also eine angebliche Nutzlosigkeit – vorgegaukelt werden oder verschwiegen wird, was medizinisch machbar wäre. Von einem ethischen Standpunkt aus gesehen ist das inakzeptabel. Damit wird nicht nur einer Ungleichbehandlung Tür und Tor geöffnet, sondern auch die medizinische Selbstbestimmung verhindert. Im Gegensatz zum nicht bestehenden Anspruch auf maximale Gesundheitsfürsorge hat aber jeder Patient Anspruch auf Gleichbehandlung und Beachtung seiner Autonomie.

Harte Rationierungen sind solche, bei denen bestimmte

medizinische Leistungen prinzipiell nicht zur Verfügung gestellt werden. Bei **weichen** Rationierungen wird hingegen bloß die gesellschaftlich abgesicherte Finanzierung abgeschafft beziehungsweise nicht eingeführt. Der Vorteil liegt darin, dass die Leistungen wenigstens zugänglich sind, der Nachteil in den möglicherweise damit einhergehenden Ungerechtigkeiten. Sieht man die Medizin als grundsätzlich egalitäres System an, so wird man die Konsequenz, dass sich nur noch Reiche eine bestimmte medizinische Maßnahme leisten könnten, sicherlich inakzeptabel finden. Vorausgesetzt, man kann eine Leistung nicht für alle finanzieren – und das ist bei anvisierten Rationierungen ja der Fall –, fragt sich allerdings, ob die weiche Variante nicht gegenüber der harten immer noch vorzugswürdig ist.

Ob es in bestimmten Bereichen zu Rationierungen kommt und wie sie genau aussehen, ist eine Frage der **Allokation** von Gütern beziehungsweise des finanziellen Budgets. Knappe Güter können in verschiedener Weise verteilt und somit Rationierungen unterschiedlich gestaltet werden. Der Begriff der Allokation stammt aus den Wirtschaftswissenschaften und betrifft üblicherweise die effiziente oder optimale Zuweisung von Gütern. Natürlich müssen Güter in irgendeiner Form produziert und zur Verteilung bereitgestellt werden. Die Zuteilung aber braucht nicht vollständig zentral gesteuert sein, sondern kann etwa über Marktmechanismen verlaufen.

In der Medizin kommen – der ökonomischen Terminologie entsprechend – verstärkt Kosten-Nutzwert-Analysen oder Kosten-Effektivitäts-Analysen zum Einsatz. Ein wichtiges Kriterium in diesem Zusammenhang ist beispielsweise das des so genannten Qualitätsangepassten Lebensjahrs, kurz QALY (*Quality-Adjusted Life-Year*). In diesem Konzept vermischen sich medizinische Aspekte der Lebenserwartung im Anschluss an eine Behandlung mit wertenden Aspekten der erwartbaren Lebensqualität. Das angestrebte Ziel besteht in der Maximierung der QALYs mit den vorhandenen Mitteln. Kritisiert wurde von einigen Bioethikern, dass dabei ältere Patienten, denen tendenziell weniger Lebensjahre zur Verfügung stehen, und solche, deren Lebensqualität – gemessen nach festgeschriebenen Kriterien – kaum verbessert werden kann, benachteiligt werden.

Tatsächlich ist Effizienz ein Aspekt, der nicht unterschätzt werden sollte, aber er ist nicht der einzige. Auch das scheinbar bloß auf den Nutzen setzende Kriterium der QALY ist ja strittig, weil nicht eindeutig ist, worin die Qualität des Lebens bestehen soll und warum gerade diese zur Grundlage einer Zuteilung von Mitteln gemacht werden soll. Das zentrale ethische Problem lautet, wie medizinische Güter **gerecht verteilt** werden können. Dabei sind nicht nur ökonomische Fragen einzubeziehen. Effizienz sollte *ein* Bestandteil der Verteilungsgerechtigkeit sein, aber sie ist damit noch nicht gesichert.

Verteilungsfragen können auf verschiedenen Ebenen thematisiert werden. Auf der **Makroebene** betreffen sie das Gesamtbudget, das in der Medizin zur Verfügung steht. Eine Beschränkung der Gesundheitsaufwendungen kann gerechtfertigt sein, weil die Medizin nicht das einzige zu sichernde Gut ist. Je größer die Ausgaben für die medizinische Versorgung, desto weniger finanzielle Mittel stehen etwa für Erziehung, Umweltschutz, Bildung oder Kultur bereit. Auch unter effektivitätsorientierten Gesichtspunkten kann beispielsweise eine Umverteilung von Mitteln zugunsten von bildungspolitischen Maßnahmen durchaus sinnvoll sein. Es ist bekannt, dass Bildung einen wichtigen indirekten Einflussfaktor auf die Gesundheit darstellt, da gesellschaftliches Wissen bezüglich Ernährung und gesunder Lebensweise helfen kann, die Anfälligkeit für Krankheiten zu verringern. Somit könnte langfristig das Gesundheitssystem sogar entlastet werden.

Ebenfalls der Makroebene wird die Verteilung der Mittel innerhalb des Gesundheitssystems zugeordnet. Zur Unterscheidung spricht man hier von der unteren Makroebene im Gegensatz zur vorher thematisierten oberen Makroebene. Auf dieser

Ebene stellt sich die Frage, wie die verschiedenen medizinischen Teilbereiche ausgestattet werden sollen, beispielsweise die präventive gegenüber der therapeutischen Medizin oder die stationäre gegenüber der ambulanten Versorgung.

Entscheidungen über die Ressourcenverteilung auf der Makroebene haben Auswirkungen auf der **Mikroebene**. Die obere Mikroebene betrifft die Verteilung auf bestimmte Patientengruppen. Ein wichtiges Gerechtigkeitsproblem auf dieser Ebene besteht in Bezug auf Patienten, die an einer sehr seltenen Krankheit leiden, was dazu führt, dass Therapien oder Medikamente nicht entwickelt werden, da sie aus dem ökonomischen Kalkül der Pharmafirmen herausfallen. Der Mangel an solchen »Waisen-Medikamenten« (*orphan drugs*) kann als ungerechte Benachteiligung gelten, wenn Chancengleichheit ein Ziel der medizinischen Gerechtigkeit darstellt. Um diese Ungerechtigkeit wenigstens abzumildern, wurde innerhalb der EU im April 2000 eine *Orphan-Drug*-Verordnung erlassen.

Auf der unteren Mikroebene wird die Verteilung von Gütern an individuelle Patienten thematisiert. Hier bekommen Verteilungsentscheidungen sozusagen ein Gesicht und das macht sie auch besonders heikel. Auch die eingangs angesprochenen Rationierungen in Oregon wurden erst öffentlich kritisiert, als ein individuelles Opfer, Coby Howard, identifiziert werden konnte. Aber die Entscheidungen, die dazu führten, dass Coby die benötigte Behandlung nicht finanziert bekam, waren auf einer Ebene getroffen worden, die individuelle Schicksale nicht berücksichtigt.

Problematisch bei Rationierungsentscheidungen auf dieser untersten Ebene ist außerdem die Tatsache, dass sie üblicherweise von Ärzten getroffen werden müssen. Wenn sie nur Regelungen anwenden, die auf höheren Ebenen vereinbart worden sind – wie im Falle von Coby Howards Ärzten –, dann kann damit eine Entlastung einhergehen. Aber falls Rationierungen so vorgenommen werden, dass Ärzte Budgets erhalten, die nicht ausreichen, um alle Patienten maximal zu versorgen, und keine Richtlinien für die Rationierung existieren, dann müssen die Ärzte selbst über die Verteilung ihrer knappen Mittel entscheiden. Dabei geraten sie aber in einen Konflikt mit ihrer professionellen Rolle. Rationierungen auf der unteren Mikroebene sollten daher nicht in das Ermessen von Einzelpersonen gelegt werden.

Zwei der meistdiskutierten Kriterien für Priorisierungs- oder Rationierungsentscheidungen sind das **Alter** und das **Eigenverschulden** des Patienten. Beiden kommt auf den ersten Blick eine gewisse Plausibilität zu, beide sind aber bei näherem Hinsehen bedenklich. So scheint es einleuchtend, jüngere Patienten gegenüber älteren zu bevorzugen, weil diese noch ihr Leben vor sich haben. Will man die Verlängerung des Lebens maximieren, dann sollte man offenbar in die Jugend investieren. Geht es hier noch um eine Priorisierung, mögen sogar genuine Rationierungen ab einem bestimmten Alter gerechtfertigt erscheinen. Muss die achtzigjährige Oma wirklich noch ein künstliches Hüftgelenk erhalten? Soll der gleichaltrige Mann ein Kunstherz eingepflanzt bekommen? Wäre das wirklich sinnvoll?

Sieht man aber von Effizienzüberlegungen ab, wird deutlich, dass das Alter nicht ohne weiteres als moralisch einschlägiges Verteilungskriterium gelten kann. Sicherlich ist richtig, dass die Gerechtigkeit nicht fordert, Sterbende um jeden Preis am Leben zu halten. Aber nur weil ältere Menschen dem Tod im Allgemeinen näher sind als junge, folgt nicht, dass sie nicht mehr als Gleiche zu gelten hätten. Sie haben den gleichen Anspruch auf Gesundheitsfürsorge wie jeder andere auch. Wenn Ressourcen so knapp sind, dass sie nicht für alle in ausreichendem Maß vorhanden sind, dann muss eine Übereinkunft getroffen werden, die jeden in gleicher Weise berücksichtigt. Es scheint fraglich, ob das absolute Lebensalter dabei eine Rolle spielen würde.

Als wichtiger Bestandteil von allgemeinen Gerechtigkeitsüberlegungen gilt vielen, dass *unverschuldete* Nachteile auszugleichen seien. Wenn jemand sein Geld in der Lotterie verspielt, so hat er keinen Anspruch auf Ersatz, wenn ihm hingegen alles durch eine Naturkatastrophe geraubt wird, wird der Fall anders beurteilt. In dieser Sichtweise verdienen solche Nachteile Kompensation, die sich aus der »Lotterie der Natur« ergeben. Wenn nun aber Krankheiten selbstverschuldet zustande kommen, scheint es gerecht, wenn man die Betroffenen zur Verantwortung zieht und sie selbst für ihre Behandlung aufkommen lässt.

Ethisch bedenklich ist dieses Verteilungskriterium dennoch, weil es zum einen nahezu unmöglich ist, im Falle von Krankheiten klare persönliche und kausale Verantwortlichkeiten zuzuordnen. Ist wirklich der Alkohol schuld an der Leberzirrhose? Kann eine Patientin wirklich für ihren Lungenkrebs verantwortlich gemacht werden, wenn sie eine genetische Prädisposition mitbringt?

Selbst bei Risikosportarten – wo die Frage der Verantwortlichkeit einfacher zu beantworten ist – scheint die Verweigerung der allgemein finanzierten Behandlung wenig überzeugend. Denn sicherlich gehören zu einer liberalen und wünschenswerten Gesellschaft auch Möglichkeiten, seine Gesundheit für anderes aufs Spiel zu setzen. Sollte man dadurch Gefahr laufen, im Falle eines Unfalls nicht mehr medizinisch versorgt zu werden, würden nur noch Reiche die Möglichkeit zu bestimmten Tätigkeiten haben, weil nur sie die Behandlung aus eigener Tasche zahlen beziehungsweise sich entsprechend privat versichern könnten. Auch das scheint von einem ethischen Standpunkt aus betrachtet mehr als fragwürdig.

Ein wichtiges weiteres Verteilungskriterium ist die **Dringlichkeit** einer Behandlung. Auch wenn alle Krankheiten genuine Bedürfnisse betreffen können, so scheint es doch Abstufungen zu geben, *wie* dringend eine medizinische Maßnahme jeweils ist. Lebensbedrohliche Krankheiten sind sicherlich dringlicher zu behandeln als Kopfschmerzen. Doch sind die Abgrenzungen keineswegs in jedem Fall so einfach vorzunehmen, wie man meinen könnte. Auch ein aktuell nicht lebensbedrohlicher Zustand kann schnell zu einem solchen werden, falls er nicht oder erst nachrangig behandelt wird. Außerdem wird bei der bloßen Rücksichtnahme auf die Dringlichkeit eines Falles die Effizienz einer Mittelverteilung vernachlässigt. Viele lebenserhaltende Maßnahmen sind äußerst kostenintensiv und auf die Verlängerung *eines* Menschenlebens konzentriert. Zahlreiche nicht dringliche Leistungen hingegen – insbesondere in der Präventivmedizin – sind wesentlich billiger und können langfristig das Leben sehr vieler Personen verlängern. Trotz dieser Überlegungen ist aber das Ausmaß des dem Patienten drohenden Schadens offenbar ein Kriterium, das aus Gerechtigkeitsüberlegungen nicht wegzudenken ist. Wenigstens schweres Leid sollte soweit wie möglich gelindert und vermieden werden. Somit erscheint zumindest eine medizinische Grundversorgung unbedingt gefordert.

Neben den erwähnten Verteilungskriterien Alter, Eigenverschulden und Dringlichkeit diskutieren Bioethiker auch andere Kriterien. Die Zahl der abhängigen Kinder, also Drittinteressen, sowie der »soziale Wert« der Betroffenen wurden vorgeschlagen, werden aber weithin abgelehnt. Da eine Einigung über die richtige Mischung der Verteilungskriterien kaum möglich sein wird, sollte wenigstens gesichert sein, dass Rationierungen fair gestaltet werden. Erforderlich dafür ist zunächst einmal eine offene und ehrliche öffentliche Diskussion. Barmherzige Lügen sind weder im Verhältnis zwischen Arzt und Patient noch zwischen Gesundheitspolitikern und Bürgern wünschenswert. Hinzukommen müssen faire Entscheidungsprozeduren, die wirkliche Unparteilichkeit sichern. Wenn alle sich darüber klar wären, dass Maximalforderungen nicht erfüllt werden können, und gemeinsam nach einem fairen Interessenausgleich suchten, dann wären wohl Rationierungen möglich, die für jeden vernünftigerweise akzeptabel sein könnten. Aber damit ist eher eine Hoffnung verkündet als ein Ausblick in die Zukunft getan.

4.3 Organtransplantation

Einige Krankheiten schädigen lebenswichtige Organe so stark, dass ein Überleben ohne ein Spenderorgan nur einige Zeit möglich ist. Andere Krankheiten gehen mit einer stark eingeschränkten Lebensqualität einher, die durch die Übertragung eines fremden Organs verbessert werden könnte. Die Transplantationsmedizin hat inzwischen große Fortschritte gemacht. Heutzutage sind die technischen Schwierigkeiten in vielen Bereichen weitgehend überwunden. Abstoßungsreaktionen, wie sie früher häufig waren, können durch immunsuppressive Behandlung mit Medikamenten unterdrückt werden. Regelmäßig verpflanzt werden beispielsweise Herz, Leber, Augenhornhaut, Bauchspeicheldrüse und Lunge. Da diese Organe wesentliche Funktionen ausüben, können sie nur von Toten entnommen werden. Regenerierbares Gewebe, paarweise Organe und Organteile hingegen können auch von lebenden Spendern stammen. Knochenmark, Niere, Teile der Leber und Haut sind dafür Beispiele. In einer experimentellen Phase befinden sich noch die Verpflanzung von Eierstöcken, ganzer Gliedmaßen – wie etwa einer ganzen Hand – und die ethisch besonders umstrittene Transplantation fetalen Gewebes bei Patienten, die an der Parkinsonkrankheit leiden.

Der Bedarf an Organen übersteigt bei weitem das Angebot. Allein für Nieren bestand in Deutschland im Jahre 2001 ein Missverhältnis von circa 12 000 Patienten auf der Warteliste gegenüber 2 249 transplantierten Organen. Die durchschnittliche Wartezeit beträgt ungefähr sechs Jahre. Dabei könnte eigentlich die Menge der zur Verfügung stehenden Organe relativ schnell vergrößert werden, es müsste sich dazu nur die individuelle Spendebereitschaft verbessern. In Deutschland haben aber derzeit nur circa zwölf Prozent aller Erwachsenen einen Organspendeausweis. Einige haben Angst, ihnen könnten noch zu Lebzeiten Organe entnommen werden. Zu einem großen Teil stehen diese Bedenken in Verbindung mit dem für viele nur schwer nachvollziehbaren Hirntodkriterium. Von Hirntoten stammt ein großer Teil der Spenderorgane, da bei ihnen die Verpflanzung sehr viel besser koordiniert werden kann. Es ist nämlich nur kurze Zeit möglich, die Organe so frisch zu halten, dass sie für eine Transplantation noch in Frage kommen.

Die Auswirkungen von **Verteilungsentscheidungen** zeigen sich aufgrund der Mangelsituation in der Transplantationsmedizin besonders drastisch. Hier werden nicht bloß überindividuelle Zuteilungssysteme entwickelt, die auf statistischen Zahlen beruhen, sondern es muss zwischen Einzelpersonen abgewogen werden. Wem soll ein Organ gegeben werden, wenn mehrere es dringend benötigen? Die Entscheidung für eine Person könnte den Tod einer anderen bedeuten. Allein deshalb ist es zwingend erforderlich, eine gerechte Verteilung der Organe anzustreben. Wie bei Allokationsfragen in der Medizin generell, stehen dazu scheinbar objektive medizinische Kriterien wie Gewebeverträglichkeit und normative Kriterien der Verteilungsgerechtigkeit wie Chancengleichheit zur Verfügung. Da aber allein schon die Auswahl und Gewichtung der Verteilungskriterien eine ethische Entscheidung darstellt, kann keine Rede davon sein, man habe es mit einem wertfreien und ausschließlich medizinische Fragen betreffenden Problem zu tun.

Um eine effiziente und gerechte Zuteilung zu ermöglichen, wurde eine europaweit operierende, zentrale **Vermittlungsstelle**, Eurotransplant, mit Sitz in Leiden/Niederlande eingerichtet. Hier werden die potenziellen Organempfänger registriert und die zur Transplantation verfügbaren Organe gemeldet. Derzeit beteiligen sich die Niederlande, Belgien, Luxemburg, Deutschland, Österreich und Slowenien an dem Verfahren. In Deutschland existiert für die Meldung eine eigene Koordinierungsstelle, die Deutsche Stiftung Organtransplantation, in Neu-Isenburg.

Die Zuteilung eines Organs durch Eurotransplant erfolgt nach einem komplexen Verfahren, in das – je nach zu verteilenden Organen in unterschiedlicher Weise gewichtet – diverse Kriterien einfließen. Zum Teil werden dabei nicht nur die individuellen Daten der Patienten berücksichtigt, sondern auch die zu überbrückende räumliche Distanz und die nationalen Entnahmebilanzen sowie zumindest bei Lebern auch die Ausgewogenheit der Allokation zwischen den verschiedenen Transplantationszentren.

Patientenorientierte medizinische Kriterien sind – je nach Organ – die Blutgruppe, der Grad der Gewebeübereinstimmung sowie Größe und Gewicht des Empfängers. Hinzu treten die Wartezeit und die Dringlichkeit. Dabei besteht eine besondere Regelung zugunsten von Kindern. Der Sinn einer solchen Bevorzugung liegt in der Tatsache, dass bei Kindern Organversagen meistens mit schwerwiegenden Entwicklungsschäden einhergeht. Ansonsten spielt aber in der Vergabepraxis von Eurotransplant das Alter keine ausdrückliche Rolle. Zusammen sollen die Kriterien größtmögliche Erfolgsaussicht und Chancengleichheit garantieren. Ob mit dieser Mischung tatsächlich eine gerechte Lösung erreicht ist, bleibt allerdings umstritten.

Ende 1997 trat nach längeren Diskussionen in Deutschland ein Transplantationsgesetz in Kraft. Strittig war insbesondere die Frage der **Organentnahme**. Die Bedingungen, unter denen Organe entnommen werden dürfen, haben direkte Auswirkungen auf die Menge der zur Verfügung stehenden Organe. Man muss deshalb auch darin, wie diese Bedingungen gestaltet sein sollen, eine Frage der Gerechtigkeit sehen. Neben dem bereits diskutierten Todeskriterium ist dabei zu klären, ob die Zustimmung des Betroffenen zwingend vorgeschrieben sein sollte oder ob das Fehlen eines ausdrücklichen Widerspruchs ausreicht. In Deutschland hat sich – im Gegensatz zu vielen anderen europäischen Ländern – die so genannte erweiterte **Zustimmungsregelung** durchgesetzt.

Der Leichnam ist keineswegs eine Sache und die Organe sind auch nicht frei verfügbar. Das Selbstbestimmungsrecht eines Menschen endet nicht mit seinem Tod. So soll etwa der letzte Wille eines Menschen nach Möglichkeit geachtet werden. Eine Regelung, die eine Organentnahme auch gegen den Willen des Toten vorsieht, ist daher moralisch nicht zu rechtfertigen. Liegt kein ausdrücklicher Wille vor, bleiben verschiedene Möglichkeiten. Man kann entweder eine ablehnende Haltung unterstellen und daher nur bei ausdrücklicher Zustimmung eine Organentnahme zulassen. Das ist die so genannte enge Zustimmungslösung. Bei der erweiterten Zustimmungslösung werden die nächsten Angehörigen eines Toten befragt. Auch sie können die Zustimmung erteilen, wobei sie den mutmaßlichen Willen ihres toten Angehörigen beachten sollen.

Auf der einen Seite steht also das Selbstbestimmungsrecht der potenziellen Organspender. Auf der anderen Seite sind von den Regelungen der Organentnahme natürlich auch die potenziellen Empfänger betroffen. Schließlich ist für sie entscheidend, wie viele Organe zur Verfügung stehen. Haben sie nicht einen Anspruch auf medizinische Hilfe, insbesondere wenn ihr Leben zur Disposition steht? Verlangt die Solidarität nicht eine Vergrößerung des Angebots an Organen? Gibt es nicht eine genuine Pflicht zur Spende?

Die wenigsten Menschen sind bereit, sich überhaupt mit dem Thema zu befassen, geschweige denn die Mühe auf sich zu nehmen, einen Organspendeausweis auszufüllen. Man könnte deshalb argumentieren, das Selbstbestimmungsrecht sei auch gewahrt, wenn niemand gegen seinen Willen zur Organspende gezwungen werde. Die verbreitete Ignoranz dürfe nicht auf Kosten der Ansprüche von schwer Kranken gehen und deshalb sei es gerechtfertigt, bei fehlender Willensäußerung die Zustimmung zur Organentnahme zu unterstellen. Das wäre eine **Widerspruchsregelung**. Sie wird in vielen Ländern Europas angewendet, zum Teil mit einer Erweiterung der Einspruchsmöglichkeit auf Angehörige.

Problematisch an der Regelung scheint die schwache Lesart des – für die moralische Bewertung wesentlichen – Selbstbestimmungsrechts. Reicht es wirklich aus, nicht ausdrücklich widersprochen zu haben? Und schließlich kann man die Meinung vertreten, die ablehnende Einstellung gegenüber Organspenden sei gut begründet und deshalb gewissermaßen als Normalhaltung vorauszusetzen.

Allerdings wird bei fehlendem Widerspruch von einigen auch die entgegengesetzte Folgerung gezogen. Man müsse von einer Bereitschaft zur Spende ausgehen, sagen Vertreter der **Informationsregelung**. Diese unterscheidet sich von der Widerspruchsregelung im Wesentlichen durch die Informationspflicht den Angehörigen gegenüber. Ein Einspruchsrecht besitzen diese im Falle einer geplanten Organentnahme gleichwohl nicht.

Ein ernst zu nehmender Versuch, die Bereitschaft zur Organspende zu erhöhen und dabei an das Ideal der Selbstbestimmung anzuknüpfen, besteht im so genannten **Clubmodell**. Darin treten Menschen freiwillig in einen Verein ein und erwerben dadurch den Status potenzieller Organempfänger. Das tun sie, wenn sie noch gesund sind, also über ihre zukünftigen Bedürfnisse bezüglich der Organe keine Kenntnis besitzen. Um Mitglied zu werden, müssen sie sich bereit erklären, nach ihrem Tod ihre Organe zur Verfügung zu stellen. Dieses Modell kann ein grundlegendes Prinzip der Gerechtigkeit für sich beanspruchen, nämlich Reziprozität, also Wechselseitigkeit. Ein »Ausnutzen« des Systems, indem man nur die Vorteile für sich beansprucht, ohne selbst etwas beizutragen, ist somit ausgeschlossen. Problematisch erscheint allerdings, dass Personen, die zu einer Spende nicht bereit sind – aus welchen Gründen auch immer –, prinzipiell aus dem System ausgeschlossen sein sollen. Im Falle einer lebensbedrohlichen Situation die Hilfe auf dieser Grundlage zu verweigern, erweist sich in den Augen vieler als zu restriktiv.

Daher wurde vorgeschlagen, das Modell dahingehend zu verändern, dass niemand ausgeschlossen werden sollte, aber die Spendebereitschaft durch Bevorzugung honoriert werden könnte. Dies wird häufig als **Solidarmodell** bezeichnet. Die meisten finden auch diese Art der Ungleichbehandlung ungerecht. Aber festzuhalten bleibt, dass dem Anspruch der Solidarität, der dem allgemein finanzierten Gesundheitssystem zugrunde liegen soll, durch ein solches Modell sehr viel eher entsprochen wird.

Verschiedene alternative Wege sind versucht worden, die geringe Spendenbereitschaft zu vergrößern. Neben einer stärkeren Aufklärung und Verbreitung von Spenderausweisen wird in manchen Ländern beispielsweise ein Vermerk im Führerschein gemacht. Damit zwingt man dann aber die Bürger dazu, überhaupt eine Entscheidung zu treffen – eine Regelung, die vielen hierzulande bereits zu weit geht. Andere Wege zur Vergrößerung des Organangebots sind das therapeutische Klonen, die Bereitstellung künstlicher Organe, eine Technik, die bis heute noch wenig ausgereift ist, sowie die Xenotransplantation und die Lebendspende, bei der besondere ethische Probleme auftreten.

Bei der **Xenotransplantation** werden Organe oder Gewebe von Tieren übertragen, die für diesen Zweck getötet wurden. Viele Menschen erachten es als unnatürlich und abscheulich, Menschen Organe von Tieren einzupflanzen. Aber neben solchen gefühlsmäßigen Aversionen und neben der Tatsache, dass solche Eingriffe nach wie vor hoch riskant und zudem die langfristigen Folgen keineswegs abzusehen sind, ergeben sich auch direkte moralische Bedenken. Denn Tiere sind Wesen, die ebenso wie Menschen nicht einfach als Sachen zu behandeln sind. Selbst wenn wir Tieren nicht den gleichen moralischen Status zugestehen wie Menschen, bleibt begründungsbedürftig, ob man sie zum Zweck der Organentnahme töten darf. Üblicherweise werden die betroffenen Tiere außerdem gentechnischen Veränderungen unterworfen, um die Abstoßungsreaktionen zu minimieren. Ob diese transgenen Tiere durch die Manipulationen stärkerem Leiden ausgesetzt sind, ist strittig und auf der Grundlage des derzeitigen Wissenstands nicht endgültig entscheidbar. Aber angesichts der durchaus vorhandenen Möglichkeiten, die Spendebereitschaft von Menschen zu erhöhen, erscheint es moralisch nicht gerade hochstehend, Tiere als Organlieferanten auszubeuten.

In der **Lebendspende** ist ein weiterer Weg angelegt, den Mangel an Organen zu verringern. Zwar ist der Verlust von Gewebe, Organteilen oder bestimmten ganzen Organen – verbreitet ist insbesondere die Spende einer der beiden Nieren – nicht lebensbedrohlich. Aber einen massiven Eingriff in die Unversehrtheit des Leibes stellt eine Lebendspende allemal dar. Auch die möglichen physischen und psychologischen Folgen müssen berücksichtigt werden. Daher sollten gute Gründe für eine Entnahme vorgebracht werden. Das Recht zur individuellen Selbstbestimmung über den eigenen Körper scheint jedenfalls nicht der einzige zu beachtende Faktor bei der ethischen Bewertung zu sein.

Da der Zweck einer Lebendspende in der Rettung eines Menschenlebens oder zumindest in der starken Verbesserung der Lebensqualität besteht, scheint es allerdings tatsächlich sehr gute Gründe zu geben, eine Lebendspende durchzuführen. Natürlich muss dabei vorausgesetzt sein, dass die Spenderin sich dazu freiwillig entschließt. Auch subtiler Druck oder Manipulation muss ausgeschlossen werden. Sind diese Vorbedingungen aber erfüllt, scheint nichts gegen eine Lebendspende zu sprechen.

In Deutschland sind Lebendspenden von Organen, die nicht nachwachsen können – üblicherweise Nieren –, nur erlaubt zugunsten von engen Verwandten, Ehegatten, Verlobten und »Personen, die dem Spender in besonderer persönlicher Verbundenheit offenkundig nahe stehen«. Moralisch gesehen ist nicht unmittelbar einleuchtend, warum diese Grenze gezogen werden sollte.

Beispielsweise wird dadurch die so genannte *Cross-over*-Spende ausgeschlossen, bei der jeweils der gesunde Partner eines Paares über Kreuz zugunsten des kranken Partners eines anderen Paares spendet. Wenn eine Spende zugunsten des eigenen Partners aufgrund einer medizinischen Unverträglichkeit nicht möglich ist, ist diese Lösung naheliegend und moralisch keineswegs anders zu bewerten als die Spende innerhalb einer Partnerschaft.

Anscheinend soll die Lebendspende durch die genannte Regelung auf freiwillige und altruistisch motivierte Gaben begrenzt werden. Ob allerdings schon mit der Einschränkung des Empfängerkreises die Freiwilligkeit der Spende gewährleistet ist, kann durchaus bezweifelt werden. Gerade in Familien kann Druck in subtiler Weise ausgeübt werden. Und somit scheint ein Generalverdacht gegen Lebendspenden zugunsten von Nicht-Nahestehenden nicht ohne weiteres gerechtfertigt. Eine wichtige Frage in diesem Zusammenhang ist die mögliche Entlohnung. Abgesehen vom Prinzip des gegenseitigen Nutzens, wie es bei der Cross-Spende zum Tragen kommt: Welchen Grund außer einem finanziellen Anreiz sollte jemand schon haben, über den engen Familien- und Freundeskreis hinaus eine Lebendspende anzubieten? Ist es aber nicht verwerflich, für ein Organ Geld anzunehmen? Das deutsche Transplantationsgesetz beispielsweise schließt die Vergütung von Spenden aus, um einem möglichen **Organhandel** entgegen zu wirken.

Für einen finanziellen Anreiz spricht, dass damit die Häufigkeit von Lebendspenden vergrößert würde und somit mehr Kranken geholfen werden könnte. Außerdem könnte in Anschlag gebracht werden, dass nicht jeder Mensch körperliche Unversehrtheit als höchstes Gut ansieht und daher mancher beispielsweise bereit sein könnte, eine Niere zu spenden, um sich oder seinen Kindern eine teure Ausbildung finanzieren zu können. Natürlich müsste verbrecherischer Ausbeutung von scheinbar freiwilligen Spenden entgegengewirkt werden, aber das ist eine Forderung, die generell Bestand hat. Jedenfalls ist es nie ein besonders gutes Argument gegen eine Praktik als solche, dass sie verbrecherisch missbraucht werden könnte.

Gegen eine Entlohnung spricht allerdings die Möglichkeit, dass Arme ausgenutzt werden könnten. Die Not würde wohl viele Menschen in der Dritten Welt zu einer Spende treiben – und damit wäre die Freiwilligkeit der Gabe gerade nicht gewährleistet. Ein weiterer Grund gegen die Kommerzialisierung von Organspenden ist die damit einhergehende Ungleichheit auf Seiten der Empfänger. Reiche könnten sich im Gegensatz zu vielen anderen einfach ein Organ kaufen.

Doch könnte man zurückfragen, ob das Verbot nicht zu einer zynischen doppelten Benachteiligung führe. Sicherlich muss in der großen Armut eines Großteils der Erdenbürger ein moralischer Skandal gesehen werden, der beseitigt werden sollte. Aber eine der wenigen Möglichkeiten, der Armut zu entfliehen, zu bekämpfen, erscheint in der moralischen Bilanz nicht besser. Auch das Argument der Ungleichheit auf Seiten der Empfänger ist wenig überzeugend, wenn man bedenkt, dass die anvisierte Gleichbehandlung darin besteht, *allen* den Zugang zu Organen zu versperren, das sie dringend brauchen. Im Übrigen könnten die Kosten natürlich auch von der Allgemeinheit getragen werden, sie müssten keineswegs auf die individuellen Patienten abgewälzt werden.

Gegen eine Kommerzialisierung der Organspenden spricht

demnach bei genauem Hinsehen weniger, als es auf den ersten Blick erscheint. Dass sie überhaupt erwogen wird, ist der derzeitigen Mangelsituation geschuldet. Die Knappheit der Organe macht das eigentliche Problem aus. Wer die Lösungsvorschläge ablehnt, sollte zuerst die Ursache rügen. Moralisch gesehen ist vor allem die geringe generelle Spendenbereitschaft *post mortem* zu kritisieren.

5 Kritik und Ausblick

Die Bioethik bleibt üblicherweise einem internen Blick auf die moralischen Grenzen von Biomedizin und Biotechnologie verhaftet. Aber betrachtet man die genannten Institutionen aus einer gesamtgesellschaftlichen Perspektive, so ergeben sich zum Teil ganz neue Bewertungen. Denn so können die Biowissenschaften angeblich als Institution der »Biomacht« dechiffriert werden. Die Bioethik selbst wird zu einem ihrer Bestandteile. Die Selbstkritik verweist zudem auf Desiderate der bioethischen Debatten. Wie könnte die Bioethik der Zukunft aussehen?

5.1 Fundamentalkritik

Nicht nur bestimmte Entwicklungen in Biomedizin und Biotechnologie stehen in der Kritik, auch die Biowissenschaften im Ganzen werden manchmal angegriffen. Sie gelten einigen als von partikulären Interessen geleitete Institutionen, die Menschen in Abhängigkeit stürzen und gemessen an ihren gesamtgesellschaftlichen Folgen mehr Schaden als Nutzen bringen. Die Ausübung tatsächlicher individueller Autonomie – einer der Grundwerte liberaler Gesellschaften – stellt in dieser Perspektive kaum mehr als ein überschätztes Hirngespinst dar. Vielmehr werden die Biowissenschaften zum Hemmschuh individueller Freiheit.

Mit der Rede von einer **Medikalisierung** der Lebenswelt wird die fortschreitende Kolonialisierung von Lebensproblemen durch die Medizin angeprangert. Dieser Deutung zufolge verliert der Mensch in modernen Gesellschaften mehr und mehr die Befähigung, Lösungen dort zu suchen, wo sie eigentlich zu finden wären. Stattdessen verlässt er sich auf einen vermeintlich einfachen Heilsbringer. Die Biomedizin beschränkt sich heute keineswegs nur auf die Heilung von Krankheiten, sondern strebt auf vielerlei Weise danach, das menschliche Los zu verbessern, zum Teil durchaus ohne direkte Absicht. Medikamente, die zur Heilung von Störungen entwickelt wurden, können beispielsweise auch für andere Zwecke eingesetzt werden. Wenn Kinder zu sehr herumzappeln, werden sie mit Ritalin beruhigt, zur Steigerung der sexuellen Lust gibt es Viagra und zur Leistungssteigerung gleich eine ganze Palette an Drogen. Wer unzufrieden ist, nimmt Antidepressiva wie das verbreitete Fluctin (*Prozac*). Der Verkauf dieser Medikamente ist ein Riesengeschäft und man braucht sich kaum wundern, dass die Pharmaindustrie wenig dagegen tut, den Heilsversprechen der Medizin entgegenzutreten.

Menschen streben ein glückliches und unbeschwertes Leben jenseits von Krankheit an; das wird man ihnen kaum vorhalten können. Der Medizin und den Biowissenschaften allerdings bleibt vorzuwerfen, dass sie so tun, als seien sie umfassende Heilsbringer. Die schwierige Abgrenzung zwischen tatsächlicher Krankheit und normalen Lebensproblemen macht es ihnen einfach, den Bereich des Pathologischen immer weiter auszudehnen. Wo Geld verdient werden kann, wird flugs eine neue Krankheit erfunden. Damit einher geht eine fortschreitende Unterordnung des Gesundheitssystems unter Marktmechanismen. Gesundheit wird zunehmend zu einer Ware. So sehen es zumindest die Kritiker der zunehmenden Medikalisierung des Lebens.

Die Entschlüsselung des menschlichen Genoms hat die Medikalisierung noch weiter voranschreiten lassen, indem nun Personen, die bloß eine genetische Krankheitsdisposition haben, auch in den Bereich der dringend einer Behandlung Bedürftigen gedrängt wurden. Heutzutage gibt es daher immer mehr »gesunde Kranke«. Dabei wird allerdings schnell vergessen, dass genetische Dispositionen zum einen nur eine gewisse statistische Wahrscheinlichkeit des Ausbruchs einer Krankheit angeben und zum anderen viele nicht-medizinische Umwelteinflüsse die tatsächliche Manifestation mit bedingen. Durch die verkürzte Sichtweise kann jeder Mensch als Adressat der Versprechungen von Biomedizin und Biotechnologie umgarnt werden.

In diesem Zusammenhang wird eine weitere grundsätzliche Kritik geäußert, die unter dem Schlagwort **Genetisierung** zusammengefasst werden kann. Nahezu täglich geistert ein neu entdecktes Gen-für-X durch die Medien, das angeblich für eine bestimmte Krankheit oder gar eine komplexe Verhaltensweise zuständig ist. Auf diese Weise werden die zweifelsohne bewiesenen Einflüsse der genetischen Ausstattung auf individuelle Entwicklung und Verhalten in vereinfachender Weise monopolisiert. Viele Menschen glauben inzwischen offenbar, die Gene seien für alles verantwortlich zu machen. Ist man erst einmal diesem Irrglauben aufgesessen, kann die Biotechnologie ihre Versprechen anbringen, dass – wenn erst die Steuerung der Gene in unserer Hand wäre – wir sie für unsere Zwecke einsetzen könnten. Die »schlechten« Gene würden dann beseitigt oder ausgeschaltet und die »guten« eingebaut. Eine scheinbar einfache Lösung. Allerdings wird damit die Komplexität der

Tatsachen verkannt und, schlimmer noch, das alte Bild des Menschen als Maschine transferiert zur modernen – aber ebenso falschen – Metapher vom Menschen als Computer, dessen Programm nur richtig geschrieben oder korrigiert werden muss.

Die Biomedizin besteht keineswegs nur aus einem praktischen, therapeutischen Zweig. Sie ist auch eine theoretisch orientierte Disziplin, die Wissen über die Funktionsweise des menschlichen Organismus anhäuft und mögliche Steuerungsmöglichkeiten ausfindig macht. Dieses Wissen ist in den Augen einiger Kritiker nicht wertneutral oder gar uneingeschränkt positiv zu bewerten, sondern vielmehr hoch problematisch. Im Zeichen der **Biomacht** stehen die Biowissenschaften unter Verdacht, für disziplinierende und regulierende Techniken der Machtausübung dienstbar gemacht zu werden.

Der Ausdruck »Biomacht« wurde von Michel Foucault geprägt. Er gewinnt angesichts der fortschreitenden Ausdehnung biotechnischer Optionen in der aktuellen Diskussion verstärkt an Gewicht. Foucault selbst versuchte unter Rückgriff auf den Begriff der Biomacht eine historische Entwicklung seit Ende des 18. Jahrhunderts nachzuzeichnen, die durch eine grundlegende Veränderung der Machtausübung charakterisiert ist. Demnach hatten Souveräne früher die Möglichkeit, das Leben eines Untertanen zu beenden, hingegen aber kaum Einflussmöglichkeiten auf die Erzeugung und Optimierung des Lebens. Eine elementare Charakteristik der Biomacht besteht hingegen darin, »leben zu machen und sterben zu lassen«. Hierfür sind bevölkerungsregulierende Techniken wichtig, wie die Geburtenkontrolle oder die öffentliche Hygiene – kurz, es bedarf des Zugriffs auf das menschliche Leben. Insbesondere die Regulierung der Sexualität und die Abgrenzung des Normalen vom Pathologischen sind dabei bedeutsam.

Die Medizin und später die Biowissenschaften spielen bei der Ausdehnung der Biomacht eine hervorgehobene Rolle, denn ihre Erkenntnisse ermöglichen erst die genannte Entwicklung. In einer kritischen Perspektive gesehen – Foucault selbst beließ es meist bei Beschreibungen historischer Entwicklungen – folgt, dass die scheinbar im Dienste des Menschen stehenden Institutionen tatsächlich der Biomacht beistehen, indem sie »Macht-Wissen« zur Verfügung stellen.

Das Konzept der Biomacht ist allerdings nicht sonderlich eindeutig, da es keine klar benennbaren Zwecke der Regulierung – geschweige denn lenkende Einrichtungen – umschreibt. Die Biomacht scheint eine örtlich nicht lokalisierbare Macht zu sein, die auf geheimnisvolle Weise hintergründig wirkt. Dennoch soll sie offenbar zielgerichtet auf die Regulierung der Bevölkerung fokussiert sein. Die Beurteilung des Beitrags der Biomedizin wird ebenfalls nicht ganz deutlich. Ist die doch offensichtlich positiv zu bewertende Ausrichtung auf das Wohl von Patienten damit vollständig entwertet? Ist es unmöglich, der Biomacht zu entrinnen?

Noch einen Schritt weiter gehen Theoretiker, die – meist ausgehend von der Kritik an der Biomacht – die Bioethik ebenfalls in deren Einflusskreis wähnen. Der Bioethik wird in dieser Lesart die **Rolle des Apologeten** der biomedizinischen Entwicklungen zugedacht. Insbesondere durch ihre Infragestellung des absolut geltenden Lebensrechts sowie die Diskussion über den Wert des Lebens nehme die Bioethik aktiv teil an der Etablierung der Biomacht. Sehr deutlich geäußert wurden Vorwürfe dieser Art – die sich gegen die Bioethik allgemein und nicht gegen spezifische Vertreter der Disziplin wenden – im Kontext der Diskussion um die Bioethik-Konvention des Europarats. So heißt es beispielsweise in der »Grafenecker Erklärung zur Bioethik« des »Arbeitskreises zur Erforschung der ›Euthanasie‹-Geschichte« aus dem Jahr 1996: »Die Bioethik lehnt letzte Werte ab, so auch die Unantastbarkeit menschlichen Lebens. Menschliches Leben ist für sie prinzipiell ohne Sinn und ohne Wert, kann aber durch Handlungen Sinn und Wert erwerben.

[...] Die Bioethik bestreitet damit die Universalität der Menschenrechte, die jedem Menschen – unabhängig von seiner Hautfarbe, seinem Geschlecht, seiner Leistung oder seiner Gesundheit – die Unverletzlichkeit seiner Person und die Unantastbarkeit seiner Würde garantieren.«

In dieser Erklärung, sowie in einigen anderen Fällen von Fundamentalkritik, wird der Ausdruck »Bioethik« offenbar ungewöhnlich verwendet. Besonders ausdrücklich tritt diese Gebrauchsweise hervor in der Namensgebung der Initiative »Bürger gegen Bioethik«. Bedenkt man den zeitlichen Horizont, wird zwar deutlich, dass »Bioethik« dabei mit der – als Bedrohung empfundenen – Bioethik-Konvention identifiziert wird. Dennoch sollten die zitierten Ausführungen keineswegs als skurrile Verirrungen Einzelner aufgefasst werden. Sie sind vielmehr Indiz eines verbreiteten Unbehagens gegenüber den bioethischen Debatten generell. Bereits Anfang der 90er Jahre hatte es in Deutschland eine ähnliche Situation gegeben. Damals war der australische Philosoph Peter Singer an verschiedenen Orten in Deutschland und Österreich am Reden gehindert worden. Seine umstrittenen – utilitaristisch geprägten – Ausführungen und seine Infragestellung der Heiligkeit des Lebens waren von vielen als bedrohlich empfunden worden. Von einigen Kritikern wurde daraufhin die Bioethik als solche rundweg abgelehnt.

Trotz allem bleiben die Vorwürfe in ihrer Pauschalität aber weitgehend unbegründet. Denn die Bioethiker sind keine homogene Gruppe, die jede denkbare biotechnische Neuerung freudestrahlend abnicken und moralisch bemänteln. Davon abgesehen fragt sich, wie der angeblich so durchdringenden Biomacht Einhalt geboten und der Biomedizin eine positivere Rolle zugeeignet werden soll, ohne irgendwelche Handlungsorientierungen anzugeben. Normen, Werte und Handlungsregeln vorbereitend herauszuarbeiten ist aber gerade die vorrangige Aufgabe der Bioethik. Insofern fragt sich, wie man ohne sie auskommen will. Richtig besehen sind die Fundamentalkritiker letztlich selbst Teilnehmer an bioethischen Debatten. Dabei wenden sie sich gegen bestimmte vorgebrachte Überzeugungen, zumeist gegen utilitaristische. Sich dagegen gänzlich vom normativen Standpunkt der bioethischen Diskussion zu verabschieden, ist keine sinnvolle Option.

5.2 Desiderate und Ausblick

Einige wichtige Grundsatzfragen konnten in dieser Einführung nicht in angemessener Weise angesprochen werden. Sie sind auch in der bioethischen Literatur bisher nicht hinreichend gewürdigt worden. An dieser Stelle sollen zumindest drei der Desiderate angesprochen werden:

Der **Begriff der Krankheit** ist für die Biomedizin grundlegend. Er beschreibt ihren primären Handlungsbereich und bietet gleichzeitig eine Rechtfertigung ihrer Existenz. Denn Krankheit ist dem üblichen Verständnis nach etwas, das wir beseitigen wollen, Gesundheit hingegen wird angestrebt. Zugleich werden die Konzepte zur Abgrenzung legitimer Handlungsziele der Biotechnologie und sozialstaatlich zugesicherter Maßnahmen eingesetzt. Nur die Heilung von Krankheit sei – so wird häufig gesagt – ein legitimer und solidarisch abzusichernder Zweck, nicht hingegen die Verbesserung menschlicher Eigenschaften. Nur, wo endet die Therapie und wo beginnt die Perfektionierung? Was genau ist überhaupt Gesundheit und was Krankheit? Ist Gesundheit mehr als nur die Abwesenheit von Krankheit? Diese Fragen werden in der Medizinphilosophie gestellt.

In der Debatte um den Krankheitsbegriff sind zwei Arten von Theorien zu unterscheiden, nämlich normativistische und naturalistische. Normativisten definieren Gesundheit und

Krankheit in Abhängigkeit von menschlichen Werten. Krankheit ist demnach konstituiert durch eine menschliche Abwertung. Ein bestimmter Zustand ist nur dann eine Krankheit, wenn Menschen ihn als Übel ansehen. Die Naturalisten hingegen glauben, dass der Krankheitsbegriff wertneutral definiert werden kann. Was Gesundheit und was Krankheit ist, bestimmen nicht menschliche Wertungen, sondern es ist der menschlichen Natur zu entnehmen. Der menschliche Organismus habe im Verlauf der Evolution verschiedene Funktionen herausgebildet, deren Störung einer Krankheit gleichzusetzen sei. Diese Diskussion ist keineswegs abgeschlossen. Ihre Relevanz für bioethische Fragestellungen dürfte auf der Hand liegen.

Ein zweiter Aspekt betrifft den gesellschaftlichen Status von **Menschen mit Behinderungen**. Insbesondere die Frage, ob sie durch Techniken der vorgeburtlichen Diagnostik – ja möglicherweise sogar schon durch bioethische Diskussionen wie die über den Wert des Lebens – diskriminiert werden, steht im Mittelpunkt. Viel hängt davon ab, wie eine Behinderung zu bewerten ist. Einige Behinderte betrachten ihre Versehrtheit nicht als Beeinträchtigung ihres Wohlergehens. Sie beklagen stattdessen die gesellschaftlich bedingten Nachteile. Eine medizinisch festgestellte Schädigung bedeutet in ihren Augen nicht unbedingt eine Defizienz, sondern kann als Differenz gegenüber dem bloß Gewohnten und Bekannten gelten. Sie sind also überzeugt, dass eine Behinderung »anders normal« ist. In den *Disability Studies* wird beispielsweise der eingeschränkte medizinische Blick auf Behinderung zu überwinden versucht.

Die bisher dazu in der Bioethik geführte Diskussion leidet an ihrer mangelnden Rückbindung an die Auseinandersetzungen zum Gesundheits- und Krankheitsbegriff. So wird oftmals betont, dass keine diskriminierenden Praktiken vorlägen, weil keine Rechte gebrochen würden und Behinderte als Personen keineswegs missachtet würden, indem eine Schädigung negativ bewertet würde. Man würde ja auch keine Kranken missachten, indem man die Krankheit negativ bewertet und zu beseitigen versucht.

Eine Diskriminierung kann sich aber nicht nur in der Missachtung von Rechten zeigen. Da viele Behinderte – im Gegensatz zu Kranken – ihre Versehrtheit als Teil ihrer Identität begreifen, kommt die verbreitete negative Bewertung ihrer Verfassung der Botschaft gleich, es wäre besser, sie wären *andere* Menschen; Menschen mit einer anderen Identität – eben ohne die Behinderung. Medizinische Normalität kann aber nicht der entscheidende Maßstab für menschliches Wohl sein. Deshalb müsste erst gezeigt werden, dass eine Behinderung für den Betroffenen in jedem Fall von Übel ist.

Ein dritter Themenbereich kreist um die **anthropologische Grundfrage**: Was ist der Mensch? In bioethischen Diskussionen wird bisweilen von der »menschlichen Natur« gesprochen. Ist das überhaupt eine sinnvolle Redeweise? Wenn ja, kann die menschliche Natur in irgendeiner Weise als Maßstab des Handelns dienen? Soll sie die Grenze biotechnischer Eingriffe markieren?

An früherer Stelle wurde bereits auf die Schwierigkeit verwiesen, aus angeblich natürlichen Gegebenheiten Werte oder Regeln abzuleiten. Der Mensch überschreitet in vielen seiner Handlungen die Natur, allein schon indem er versucht, Krankheiten zu heilen. Darin wird normalerweise keine ethische Problematik entdeckt. Aber insbesondere die Gentechnologie lässt heute Szenarien wahrscheinlich werden, in denen der Mensch seine Natur nicht nur bei Bedarf beeinflusst, sondern dauerhaft *verändern* kann. Manifestiert sich damit nicht eine völlig neue Situation: ein posthumanes Zeitalter?

Einige Menschen betrachten zwar genau diese Aussicht als große Chance, ein für allemal mit den menschlichen Schwächen Schluss zu machen. Biologische Veränderungen, die individuellen Wünschen angepasst sind, beurteilen sie als Befreiung von ehemals vorgegebenen Zwängen. Die Mehrheit aber sieht in den neuen Biotechniken die Identität des Menschen als Gattungswesen bedroht. Der bioethischen Diskussion würde es an diesem Punkt gut tun, sich auf die in der philosophischen Anthropologie geleistete Arbeit zu besinnen und deren Erkenntnisse auf die sich heute stellenden Fragen zu beziehen.

Es wurde bereits bei einigen Gelegenheiten betont, dass die ethische Erörterung nicht allein über bioethische Angelegenheiten entscheiden kann. Die moderne Biomedizin und insbesondere biotechnologische Neuerungen werfen normative Probleme auf, die über eine moralische Bewertung hinausreichen. Es sind **gesellschaftspolitische Fragen** betroffen. In welcher Art von Gesellschaft wollen wir leben? Soll die Gentechnik persönlichen Neigungen gemäß genutzt werden dürfen? Soll das Gesundheitssystem in stärkerem oder schwächerem Maße den Marktmechanismen unterworfen werden? Sollen Ärzte wieder mehr Entscheidungsbefugnis bekommen, weil Patienten häufig nicht wirklich autonom entscheiden können? Wie sollen für Fragen, die keinen echten Konsens zulassen, politische Entscheidungsverfahren gestaltet werden?

Statt andere Disziplinen mit solchen Fragen zu betrauen, wobei deren Debatten dann parallel zu den bioethischen Debatten verlaufen würden, sollten sie stärker in den Aufgabenbereich der Bioethik eingegliedert werden. In letzter Zeit sind bereits einige Ansätze in dieser Richtung zu beobachten, wenn etwa juristische, theologische, ethnologische, politikwissenschaftliche oder soziologische Studien sich mit genuin bioethischen Themen befassen. Die Bioethik muss sich also erweitern, um solche Anstöße aufzunehmen.

In diesem Zusammenhang wird häufig von der **Biopolitik** gesprochen. Abgesehen davon, dass der Begriff Missverständnisse vorprogrammiert, weil Foucault ihn als Analogon zu seinem Konzept der Biomacht verwendete und diese Verwendungsweise sicherlich nicht gemeint ist, suggeriert er eine zu starke Einschränkung auf den Bereich der Politik. Gerade dieser ist für viele Menschen gleichbedeutend mit der Entfernung von einem moralischen Standpunkt und der Hinwendung zu bloßem Interessenausgleich. Als Ersatz für die Bioethik kann die Biopolitik demnach nicht gelten. Regelungsfragen in den Biowissenschaften sind nicht nur, sondern *auch* politischer Natur. Gefordert wäre eher eine Art Geisteswissenschaft der Biomedizin und Biowissenschaften, in Erweiterung der in den medizinischen Fakultäten inzwischen häufiger vorzufindenden *Medical Humanities*.

Eine solche Disziplin der Zukunft, die sich von einem breiten normativen – aber eben nicht nur moralischen – Standpunkt aus mit Fragen der Biomedizin und Biotechnologie befasst, muss sich noch konstituieren. Dass sie hierzulande jemals existieren wird, ist allerdings mehr als fraglich, denn im Vergleich zu anderen Ländern ist Deutschland nach wie vor ein bioethisches Entwicklungsland; obwohl immerhin die öffentlichen Diskussionen, die in letzter Zeit beispielsweise in Bezug auf die Stammzellforschung stattfanden, einigermaßen differenziert und ehrlich geführt wurden. Das gibt Anlass, hoffnungsvoller in die Zukunft zu blicken.

Literatur

Ach, Johann S.; Brudermüller, Gerd; Runtenberg, Christa (Hg.), *Hello Dolly? Über das Klonen*, Frankfurt 1998.
Ausgewogener und informativer Sammelband. Enthält im Anhang ein Gutachten, das im Auftrag des Bundesforschungsministeriums erstellt wurde.

Beauchamp, Tom; Childress, James, *Principles of Biomedical Ethics.* 4. Auflage, Oxford 1994.
Einflussreiches und breit angelegtes Standardwerk. Bekannt insbesondere durch die Ausarbeitung der vier Prinzipien Achtung der Autonomie, Fürsorge, Schadensvermeidung und Gerechtigkeit.

Braun, Kathrin, *Menschenwürde und Medizin. Zum philosophischen Diskurs der Bioethik*, Frankfurt/New York 2000.
Ausführliche Kritik an der bioethischen Diskussion zur Frage des Lebenswerts und der Infragestellung des Konzepts der Menschenwürde. Im zweiten Teil wird die Debatte über die so genannte Bioethik-Konvention thematisiert.

Brudermüller, Gerd; Seelmann, Kurt (Hg.), *Organtransplantation*, Würzburg 2000.
Interdisziplinärer Band, der auch das Verteilungsproblem nicht ausspart. Das deutsche und das schweizerische Transplantationsgesetz finden sich im Anhang.

Buchanan, Allen E.; Brock, Dan W.; Daniels, Norman; Wikler, Daniel, *From Chance to Choice: Genetics and Justice*, Cambridge 2000.
Ein sehr wichtiges Buch von mehreren bekannten Bioethikern; thema-

tisiert werden hauptsächlich Fragen der Gerechtigkeit im Zusammenhang mit Entwicklungen der Gentechnologie.

Engelhardt, H. Tristram, Jr., *The Foundations of Bioethics*, Oxford 1986.
Breit angelegtes und umfangreiches Werk, das sich zu einem »Klassiker« der Bioethik entwickelt hat.

Düwell, Markus; Mieth, Dietmar (Hg.), *Ethik in der Humangenetik. Die neueren Entwicklungen der genetischen Frühdiagnostik aus ethischer Perspektive*, Tübingen 1998.
Umfangreicher, sehr informativer Sammelband; enthält einen Anhang mit Dokumenten und einem hervorragenden Glossar.

Dworkin, Ronald, *Die Grenzen des Lebens. Abtreibung, Euthanasie und persönliche Freiheit*, Reinbek 1994.
Interessanter Versuch eines bekannten Rechtsphilosophen, die These der »Heiligkeit des Lebens« neu zu deuten, ohne sie rundum abzulehnen.

Gerhardt, Volker, Der *Mensch wird geboren. Kleine Apologie der Humanität*, München 2001.
Wendet sich gegen die zum Teil vorzufindende naturwissenschaftliche Reduktion des Menschen auf das Genom. Die Auswirkungen der vom Autor vertretenen These – wonach der Mensch mit der Geburt und nicht vorher in die Welt tritt – auf den Embryonenschutz werden ebenfalls diskutiert.

Geyer, Christian (Hg.), *Biopolitik: Die Positionen*, Frankfurt 2001.
Sammelband von Zeitungsartikeln, welche im Zusammenhang der öffentlichen Debatte um PID sowie die Stammzell- und Embryonenforschung entstanden. Demgemäß drehen sich die meisten Beiträge um die Frage des moralischen und rechtlichen Status des Embryos.

Graumann, Sigrid (Hg.), *Die Genkontroverse: Grundpositionen*, Freiburg 2001.
Enthält hauptsächlich Zeitungsartikel und Reden, größtenteils aus konservativer Perspektive.

Habermas, Jürgen, *Die Zukunft der menschlichen Natur. Auf dem Weg zu einer liberalen Eugenik?* Frankfurt 2001.
Wichtige Kritik an einigen technischen Möglichkeiten der Reproduk-

tionsmedizin, wie etwa der positiven Eugenik und der PID von einem der einflussreichsten Philosophen Deutschlands.

Harris, John, *Der Wert des Lebens. Eine Einführung in die medizinische Ethik*, Berlin 1995.
Gelungene Einführung eines bekannten Bioethikers gemäßigt utilitaristischer Provenienz.

Hegselmann, Rainer; Merkel, Reinhard (Hg.), *Zur Debatte über Euthanasie*, Frankfurt 1991.
Enthält nicht nur Artikel zur Sache selbst, sondern auch kommentierende Artikel zur »Singer-Affäre«.

Höffe, Otfried, *Medizin ohne Ethik?*, Frankfurt 2002.
Gelehrtes Buch eines bekannten Philosophen, der sich darin unter Rückgriff auf das Konzept der Menschenwürde gegen die verbreitete euphorische Beurteilung der neuesten biomedizinischen Forschung und Verfahren wendet. Es gelte, verschiedene »humanistische Fehlschlüsse« zu vermeiden.

Höffe, Otfried; Honnefelder, Ludger; Isensee, Josef; Kirchhof, Paul, *Gentechnik und Menschenwürde*, Köln 2002.
Thematisiert insbesondere den moralischen Status von Embryonen in rechtlicher und philosophischer Perspektive.

Hoerster, Norbert, *Ethik des Embryonenschutzes. Ein rechtsphilosophischer Essay*, Stuttgart 2002.
Rechtsethische Diskussion, die um die Frage kreist, wann das Recht auf Leben beginnt.

Hoerster, Norbert, *Abtreibung im säkularen Staat. Argumente gegen den § 218*, Frankfurt 1991.
Argumentiert gegen das Abtreibungsverbot auf Basis der Frage, welche Wesen ein Recht auf Leben haben.

Hoff, Johannes; in der Schmitten, Jürgen (Hg.), *Wann ist der Mensch tot? Organverpflanzung und »Hirntod«-Kriterium*, Reinbek 1995.
Wichtige Aufsatzsammlung mit Beiträgen Pro und hauptsächlich Contra Hirntodkriterium.

Jonas, Hans, *Technik, Medizin und Ethik. Praxis des Prinzips Verantwortung*, Frankfurt 1987.

Sammelband des berühmten Philosophen; enthält eine der ersten und einflussreichsten Kritiken am reproduktiven Klonen.

Kitcher, Philip, *Genetik und Ethik. Die Revolution der Humangenetik und ihre Folgen*, München 1998.
Ausgewogene Untersuchung eines Philosophen, mit der er sich nicht nur an Fachleute wendet.

Korff, Wilhelm; Beck, Lutwin; Mikat, Paul (Hg.), *Lexikon der Bioethik*, Gütersloh 1998.
Das erste deutschsprachige Bioethik-Lexikon; primär auf moraltheologische und rechtliche Fragen ausgerichtet.

Kuhlmann, Andreas, *Sterbehilfe*, Reinbek 1995.
Zum Einstieg ideal. Sehr verständlich und unaufgeregt.

Kuhlmann, Andreas, *Abtreibung und Selbstbestimmung. Die Intervention der Medizin*, Frankfurt 1996.
Verständliche Darstellung des ethischen Konflikts zwischen Lebens- und Selbstbestimmungsrecht. Informiert auch über die rechtlichen Bestimmungen und den normativen Hintergrund liberaler Gesellschaften.

Kuhlmann, Andreas, *Politik des Lebens, Politik des Sterbens*, Berlin 2001.
Ausgewogener und umfangreicher Einblick in aktuelle Debatten, der insbesondere auch die liberale Gesellschaft als Grundlage der Diskussion mitbedenkt.

Kuhse, Helga; Singer, Peter (Hg.), *A Companion to Bioethics*, Oxford 1998.
Umfassendes Nachschlagewerk. Systematisch geordnete, kurze Überblicksartikel.

Kuhse, Helga; Singer, Peter (Hg.), *Bioethics. An Anthology*, Oxford 1999.
Gehört zu den besten erhältlichen Textsammlungen. Deckt sehr viele Themen ab.

Leist, Anton (Hg.), *Um Leben und Tod*, Frankfurt 1990.
Enthält viele wichtige Artikel zu Euthanasie, Abtreibung und Reproduktionsmedizin.

Leist, Anton, *Eine Frage des Lebens. Ethik der Abtreibung und künstlichen Befruchtung*, Frankfurt/New York 1990.
Bis heute eines der wichtigsten deutschsprachigen Bücher zum Thema, weil es die ethischen Grundfragen tief durchdringt.

Pöltner, Günther, *Grundkurs Medizin-Ethik*, Wien 2002.
Umfangreiche Einführung eines österreichischen Philosophen, in der auch die anthropologischen Grundlagen der Medizin diskutiert werden.

Reich, W.T. (Hg.), *Encyclopedia of Bioethics*, New York 1995.
Veränderte Neuauflage der Erstausgabe von 1978. Der »Klassiker« der bioethischen Lexika; längere Einträge, die kaum Fragen offen lassen.

Sass, Hans-Martin (Hg.), *Medizin und Ethik*, Stuttgart 1989.
Aufsatzsammlung mit wichtigen Beiträgen und auch Dokumenten.

Singer, Peter, *Praktische Ethik, Zweite revidierte und erweiterte Auflage*, Stuttgart 1994.
Konsequent utilitaristische Argumentation, die für einige Aufregung gesorgt hat.

Spaemann, Robert; Fuchs, Thomas, *Töten oder sterben lassen? Worum es in der Euthanasiedebatte geht*, Freiburg 1997.
Kritische Stellungnahmen gegen die aktive Sterbehilfe von einem Philosophen und einem Psychiater.

Wiesing, Urban (Hg.), *Ethik in der Medizin. Ein Reader*, Stuttgart 2000.
Sammlung von wichtigen – allerdings größtenteils gekürzten – Texten und Dokumenten jeweils mit kurzen Themeneinführungen.

Internetlinks

http://www.drze.de
Deutsches Referenzzentrum für Ethik in den Biowissenschaften; als Portal erstklassig.

http://www.ruhr-uni-bochum.de/zme
Hervorragende Site des Zentrums für medizinische Ethik in Bochum; Möglichkeit, sich in eine Mailingliste einzutragen.

http://www.izew.uni-tuebingen.de
Interfakultäres Zentrum für Ethik in den Wissenschaften in Tübingen; allein aufgrund der Linkliste unerlässlich.

http://bioethics.net
Vorbildlicher Internetauftritt des recht neuen *American Journal of Bioethics*; mit täglichen Bioethik-Nachrichten und einer speziell den »Anfängern« gewidmeten Sektion.

http://www.bundestag.de/gremien/medi
Enquete-Kommission Recht und Ethik der modernen Medizin. Der ausführliche Abschlussbericht ist dort abzurufen.

http://www.bioethics.gov
The President's Council on Bioethics. Die Bioethik-Kommission des Präsidenten der USA. Mit Zugang zu interessanten *working-papers* und Aufzeichnungen der Sitzungen.

http://www.bvkm.de
Bundesverband für Körper- und Mehrfachbehinderte mit eigenem Ethikinstitut.

Glossar

Anenzephalie Fehlbildung, bei der das gesamte bzw. wesentliche Teile des Gehirns oder das Schädeldach fehlen. Der Hirnstamm kann intakt sein.

Blastozyste Bezeichnung für den menschlichen Keim im frühen Stadium der Entwicklung, etwa am vierten bis sechsten Tag nach der Befruchtung. Die B. besteht aus circa 100 bis 200 Zellen.

Embryo Bezeichnung für den menschlichen Keim in allen Entwicklungsstufen von der befruchteten Eizelle bis zum Ende des dritten Monats einer Schwangerschaft. Der Begriff wird allerdings nicht überall einheitlich gebraucht, im klinischen Gebrauch gilt die Leibesfrucht nur bis zum 60. Tag als Embryo. Uneinheitlich ist die Verwendung auch in Bezug auf die befruchtete Eizelle *vor* der Einnistung in die Gebärmutter (Nidation). Einige sprechen hier von einem Prä-Embryo.

Eugenik Erbgesundheitslehre. Die E. versucht genetische Erkenntnisse einzusetzen, um den Einfluss krankheitsrelevanter Gene zu verringern (negative E.) beziehungsweise erwünschte Merkmale herbeizuführen oder zu erhalten (positive E.).

Euthanasie Sterbehilfe; bewusstes Herbeiführen des Todes oder Sterbenlassen eines Patienten mit der Absicht, seinem Wohl zu dienen. Einige bezeichnen ausschließlich das aktive Herbeiführen als E.

Fetus (Fötus) Bezeichnung für die Leibesfrucht ab dem vierten Schwangerschaftsmonat. In der Medizin wird manchmal auch bereits ab dem 61. Tag der Schwangerschaft von einem Fetus gesprochen.

Genotyp Gesamtheit der genetischen Informationen eines Organismus. Diese manifestieren sich im Phänotyp.

IVF In-vitro-Fertilisation; künstliche Befruchtung. Verbreitete Methode, bei der Eizellen außerhalb des weiblichen Körpers befruchtet werden.

Klonen Erzeugung von genetisch identischen Zellen oder Organismen durch Abspaltung totipotenter Zellen, künstliche Vermehrung *in vitro* oder Zellkerntransfer in eine entkernte Eizelle (»Dolly-Methode«). Das therapeutische Klonen dient der Herstellung von Organen oder Gewebe. Beim reproduktiven Klonen soll ein gesamter Organismus erzeugt werden, es ist also eine Fortpflanzungstechnik.

Paternalismus Handeln gegen den Willen oder ohne das informierte Einverständnis einer Person mit dem Ziel, dessen Wohl zu dienen.

Phänotyp Äußeres Erscheinungsbild eines individuellen Organismus.

PID Präimplantationsdiagnostik. Molekulargenetische Untersuchung an einzelnen Embryonalzellen *in vitro* vor dem Embryonentransfer in die Gebärmutter.

Pluripotenz Eigenschaft von Zellen, sich in mehr als einen Gewebetyp entwickeln zu können.

Stammzellen Unreife pluripotente Zellen, die sich durch Teilung selbst vermehren und in verschiedene Zellarten ausdifferenzieren können. Man unterscheidet embryonale Stammzellen, die einem Embryo im Blastozystenstadium entnommen werden und die zu mehr als zweihundert Gewebetypen heranwachsen können, von adulten Stammzellen, die im erwachsenen Körper und auch im Nabelschnurblut zu finden sind, aber nach bisherigen Erkenntnissen nur begrenzte Entwicklungsmöglichkeiten bergen.

Totipotenz Eigenschaft von Zellen, sich zu einem vollständigen Organismus entwickeln zu können.

Zygote Befruchtete Eizelle, die durch Kernverschmelzung von Ei- und Samenzelle entsteht. Beginn der embryonalen Entwicklung.